9

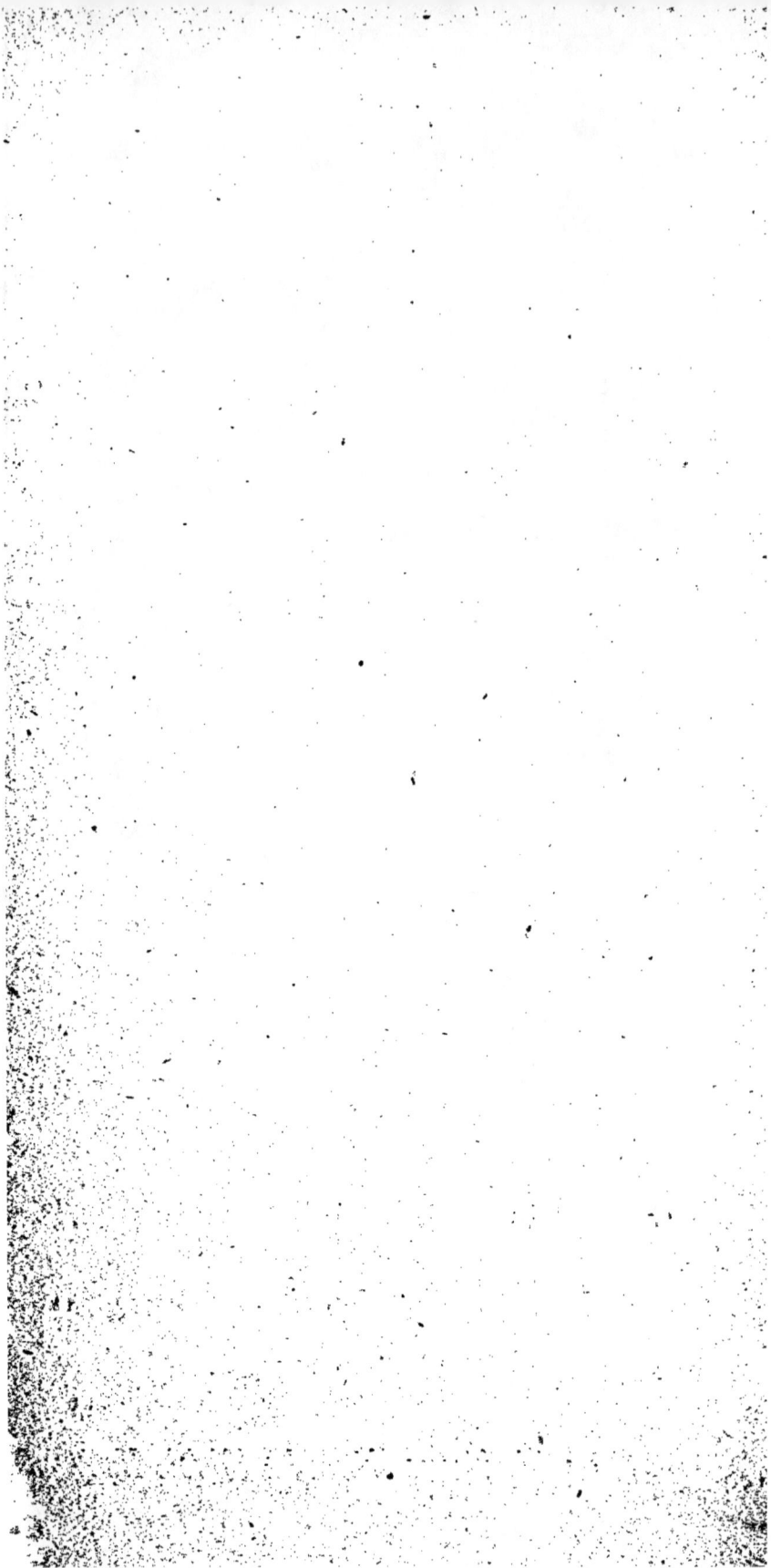

RENAULT Frères

CONSTRUCTEURS

Billancourt (Seine)

GRAND PRIX

DE

L'AUTOMOBILE CLUB

DE FRANCE

(Circuit de la Sarthe)

—⁕—

1er Szisz

Sur Voiture RENAULT Frères

COMPAGNIE GÉNÉRALE TRANSATLANTIQUE[1]
PAQUEBOTS-POSTE FRANÇAIS
Sous réserve de modifications de services en cas de quarantaines.

A Paris .... { *Administration centrale.* / *Bureau des passages.* { cabine / 3e classe } 6, rue Auber. / *Bureau du Fret*

A Marseille. { M. R. JAPHET, agent général, quai de la Joliette. / — bureau des passages, 12, r. de la République.

Agences à ALGER, ORAN, BONE, PHILIPPEVILLE, TUNIS, BOUGIE, BIZERTE, MALTE, AJACCIO et dans tous les ports desservis par les paquebots de la Compagnie.

Tarifs réduits des passages des lignes de la Méditerranée

Entre la France, l'Algérie, la Tunisie et Malte

BILLETS DE MARSEILLE A	1re classe avec nourriture	2e classe avec nourriture	3e classe avec nourriture	4e classe avec nourriture
Alger	90 »	65 »	35 »	22 »
Bizerte...........	75 »	55 »	32 »	22 »
Bône............	75 »	55 »	32 »	20 »
Malte...........	140 »	95 »	60 »	35 »
Oran............	75 »	55 »	30 »	23 »
Philippeville	75 »	55 »	32 »	20 »
Sfax............	105 »	80 »	55 »	35 »
Sousse...........	105 »	80 »	55 »	35 »
Tunis (direct)	85 »	60 »	32 »	22 »
Tunis (*via* Bizerte)..	75 »	55 »	32 »	22 »
Bougie (direct).....	75 »	55 »	32 »	20 »

Entre les différents ports de l'Algérie, de la Tunisie et Malte.

BILLETS DE PORT A PORT	1re classe avec nourriture	2e classe avec nourriture	3e classe avec nourriture	4e classe avec nourriture
Alger à Bougie......	25 »	18 »	12 »	6 »
— Philippeville.	60 »	40 »	25 »	15 »
— Bône.......	70 »	50 »	30 »	18 »
— Bizerte.....	100 »	75 »	50 »	30 »
— Tunis......	100 »	80 »	55 »	30 »
Tunis à Bizerte.....	15 »	12 «	9 »	5 »
— Sfax.......	50 »	35 »	20 »	15 »
— Malte......	55 »	40 »	25 »	17 »
Sousse à Tunis.....	20 »	15 »	11 »	10 »
Oran à Carthagène..	50 »	35 »	20 »	14 »
Philippeville à Bône..	16 »	12 »	7 »	5 »
Marseille à Alger (Départ du jeudi)..	75 »	55 »	30 »	20 »
Alger à Marseille (Départ du lundi)..	75 »	55 »	30 »	14 S.N

Billets d'aller et retour (1re et 2e classes) entre la France, l'Algérie, la Tunisie et Malte, valables trois mois, avec 10 % de réduction.

Dans les prix de passage ci-dessus, de ou pour Bône, Philippeville, Bougie, Tunis, Bizerte, Sfax, Sousse, La Calle, Tabarka et Carthagène, ne sont pas compris les droits de ports.

Envoi franco des livrets-guides détaillés.
Adresser les demandes : 6, rue Auber, Paris.

(1) Voir les horaires des lignes de la Méditerranée, page de garde à la fin du Guide.

AUTOMOBILE CLUB D'ALGÉRIE

ET CERCLE DES SPORTS

23, boulevard Carnot. — Alger.

Président ; **M. M. Broussais.**
Vice-présidents : **M. A. Maginot.**
— **M. J. Narbonne.**
Secrétaire général : **M. Pierre de Malglaive.**
Trésorier : **M. A. Thomas.**
Secrétaire-adjoint : **M. Bourgeois.**

L'*Automobile Club d'Algérie* et *Cercle des sports* vient de s'installer, dans un local splendide, dans le plus beau quartier d'Alger. On y trouve tout le confort désirable : Salle d'escrime et billard au rez-de-chaussée, bar américain. Dans les sous-sols, Salle de tir de 25 mètres de longueur avec installation tout à fait moderne, Salle de douches, etc.

Le secrétaire de l'Automobile Club d'Algérie est toujours à la disposition des membres des clubs de France et de l'étranger pour tous renseignements , et ceux-ci, lorsqu'ils seront de passage à Alger, seront toujours reçus avec plaisir au Club, par leurs collègues d'Algérie.

CALENDRIER SPORTIF POUR 1907

Janvier : Courses de côtes (12 kilomètres) pour toutes les voitures.

Février : Courses de vitesse (2 kilomètres) pour toutes les voitures.

Mars : Courses de consommation.

Avril : Rallye-Automobile. Circuit automobile Alger-Biskra pour voitures de tourisme, durée 8 jours.

*Pour tous renseignements concernant ces épreuves et leur règlement, s'adresser à l'*AUTOMOBILE CLUB D'ALGÉRIE *(23, boulevard Carnot, Alger).*

MAISON A. MAME ET FILS   *Tours, le 30 janvier 1907.*

Je soussigné Léonce Guerlin, agissant au nom et comme administrateur-délégué de la Maison Alfred Mame et fils de Tours, certifie que le tirage du Guide Algérien de 1907 a été de 3,000 exemplaires   L. Guerlin

GUIDE MICHELIN

POUR

L'ALGÉRIE ET LA TUNISIE

ÉDITION 1907

DÉPOT L...
Indre-...
No _122_/
1...

Ce Guide est offert gracieusement

EN ALGÉRIE ET EN TUNISIE

EN FRANCE ET A L'ÉTRANGER, PRIX : 1 FRANC

ON LE TROUVE CHEZ :

Les Dépositaires du Stock Michelin.
Les Constructeurs
Les Mécaniciens } qui ont une annonce dans le corps
Les Hôteliers } de l'ouvrage.

Il est envoyé sous pli recommandé :

En Algérie et Tunisie }	{ 0 fr. 30 }	
En France } contre {	1 fr. 30 } en timbres-poste adressés à :	
A l'Étranger }	{ 1 fr. 50 }	

MICHELIN-GUIDE

105, boulev. Pereire. PARIS

A cette même adresse doivent être envoyés les réclamations,
renseignements, demandes d'annonces ou de rectifications.

Voir page 3 la TABLE DES MATIÈRES

1

LES GUIDES MICHELIN

sont au nombre de trois :

1º France

2º Algérie et Tunisie

3º Belgique, Hollande

Luxembourg, Alsace-Lorraine

(Vallées de la Meuse et du Rhin)

————— +*+ —————

VONT PARAITRE :

LES NOUVEAUX

GUIDES-ATLAS MICHELIN de 1907

avec cartes au 1.000.000ᵉ en 4 couleurs

Guide pour la Belgique, Hollande, Luxembourg, Alsace-Lorraine (Vallées de la Meuse et du Rhin), **en Février 1907.**

Guide pour la France, **en Avril 1907.**

Les Éditions 1907 de ces deux Guides ont été complètement transformées et établies d'après des données nouvelles, qui répondent mieux aux besoins actuels des chauffeurs, les vitesses étant plus grandes qu'autrefois.

L'ancien format a été allongé, la largeur restant la même. Le volume sera donc tout aussi portatif, mais d'un aspect plus élégant.

Les renseignements sur les distances ont été remaniés, les renseignements sur les curiosités et excursions ont été revus et complétés. Toute une série de cartes en couleurs à l'échelle du millionième (1 kil. par millimètre) a été ajoutée. Ces cartes imprimées sur des feuilles du même format que le Guide, ont été encartées à la fin du volume et forment Atlas.

En ouvrant un Guide à l'une quelconque des pages de son Atlas, le chauffeur aura sous les yeux une surface de 160 kilomètres de hauteur sur 160 de largeur. Il n'aura donc pas, si enragé de vitesse qu'il soit, à tourner les pages tous les quarts d'heure. Ces cartes au millionième portent: *les principales routes accessibles aux autos, les chemins de fer, les fleuves et rivières, l'indication des routes pavées, des distances kilométriques, des bureaux de douane, de* ....*cs, des cols, des curiosités, etc.* Les cartes du Guide Français ....nt en outre l'indication des *routes pittoresques.*

Pour le choix des Routes, on ne s'est pas conformé aux classifications officielles, qui ne correspondent pas toujours à la vérité pratique. On a divisé les routes en deux catégories, routes larges et routes étroites. On a marqué *d'un double trait toutes les routes larges,* et d'un trait simple les autres routes qui sont toujours accessibles aux automobiles. Les routes nationales en France, et les grands itinéraires à l'étranger ont été signalés spécialement en accentuant l'un des traits.

wwwwwww

Chaque **Guide Michelin** *est* **OFFERT GRACIEUSEMENT**
dans le pays qu'il décrit
Il est vendu 1 franc dans les autres pays.

TABLE DES MATIÈRES

TITRE 1

LES PNEUMATIQUES MICHELIN

TITRE II

GUIDE DE ROUTE

TITRE III

RENSEIGNEMENTS UTILES A UN CHAUFFEUR

TITRE IV

CARTES

LÉGENDE
DES SIGNES CONVENTIONNELS
ET ABRÉVIATIONS

OBSERVATIONS ESSENTIELLES

Le lecteur trouvera ci-après l'explication des signes conventionnels et des abréviations qu'il rencontrera dans le Guide de Route
et sur les cartes.

Pour simplifier ou éviter des répétitions de signes et de lettres,
nous avons adopté pour la rédaction et la composition de notre
Guide les règles suivantes :

§ 1. — Règles dont il faut tenir compte dans la lecture du texte.

Voir : Nous indiquons sous ce titre les curiosités, monuments,
etc., situés dans la ville même.

Environs : Nous indiquons sous ce titre les promenades à faire
soit en voiture, soit à pied, dans un rayon d'une vingtaine de kilomètres autour de la ville, afin de permettre au touriste de visiter
les localités intéressantes qui n'ont pas trouvé place dans la no-
menclature générale.

Excursions : Nous décrivons sous ce titre certains itinéraires
que nous recommandons au touriste désireux de parcourir le pays
d'une façon intéressante et rapide pour en avoir un coup d'œil
d'ensemble. Nous distinguons les petites et les grandes excursions. Nous appelons *excursions circulaires*, celles qui empruntent
des routes différentes à l'aller et au retour, en ramenant au point
de départ ; en ce cas, la distance donnée est la longueur totale du
circuit. — Ces excursions sont complétées par des schémas.

Garages des Hôtels. — Les hôtels pour lesquels nous faisons
suivre le signe garage ☐ du mot «gratuit» se sont engagés vis-
à-vis de nous : 1° à ne pas faire payer le remisage des voitures
dans leur garage aux automobilistes de passage (1) porteurs de
notre guide, qui logent à l'hôtel ou y prennent leurs repas ; 2° à ne
pas davantage faire payer le remisage de leurs voitures à ceux de
ces automobilistes qui ne prendraient pas dans l'hôtel les fourni-
tures d'essence ou d'huile, ou encore à ceux qui, comme membres
du T. C. F., auraient déjà obtenu une réduction sur leur note.

Stock Michelin. — Nous indiquons avant le signe ◉ la localité
où se trouve le Stock le plus voisin, et, après le signe, la distance
en kilomètres.

§ 2. — Règles communes au texte et aux plans.

Dans le texte des Villes avec plan, les sorties sont numérotées
en chiffres romains et les adresses des hôtels et de mécaniciens en
chiffres arabes. Ces chiffres concordent avec les numéros portés
sur le plan. Les noms des rues où se trouvent des curiosités sont
indiqués dans le texte et se retrouvent sur les plans au moyen
des lettres de la Légende.

L'astérisque *, dans le texte, signale les curiosités les plus intéressantes ou les excursions les plus recommandées.

§ 3. — Règle s'appliquant aux plans et aux schémas d'excursions.

Tous les plans et schémas sont orientés le nord en haut de la page.
Sur les plans, on a porté seulement les rues les plus larges et les
plus praticables. Les monuments qui se retrouvent dans toutes

(1) Le terme de " passage " s'applique à un séjour de moins de 43 heures.

les villes (cathédrale, préfecture, palais de justice, etc.), n'ont pas
été portés à la légende particulière de chaque plan. Voir la liste
de ces monuments à la page 8 : Signes figurant sur les plans. —
Sur les schémas, on a figuré seulement les routes décrites dans
le texte des Itinéraires d'excursions.

§ 4. — Règle pour la lecture des cartes.

Les quatre cartes placées à la fin du volume sont à l'échelle du
4.000.000. Elles se suivent de l'ouest à l'est, et sont groupées
deux à deux sur des pages en regard : Oran-Alger, Constantine-
Tunis.

Le raccordement entre les deux groupes est assuré par des
amorces en marge sur les cartes d'Alger et de Constantine.

Nous n'avons donné qu'une vue d'ensemble sur le réseau routier et le réseau des voies ferrées. Les cartes sont destinées à permettre au chauffeur l'étude d'un itinéraire, et non pas à suivre sa
route en automobile, l'échelle étant beaucoup trop petite pour
permettre de distinguer les détails de la route. Le kilomètre est
représenté par 0m/m 25; 40 kilomètres sont représentés par 1 centimètre.

Les cartes sont imprimées en trois couleurs :
Rouge, pour le réseau routier et l'emplacement des localités.
Noir, pour les noms des divisions administratives et des localités,
pour les altitudes, pour la projection géographique, pour les limites entre Etats et départements, etc.
Bleu, pour le tracé des côtes, des cours d'eau ; pour l'indication
des distances kilométriques et des lignes de navigation.

L'orientation des cartes est donnée par la projection des paral-
lèles et méridiens. Le nord est sensiblement en haut des pages.

§ 5. — Principes pour l'établissement des Distances.

Les distances partent toujours du centre des villes.
Les villes ont été divisées en trois catégories.
1re *Catégorie*. — Préfectures ou Capitales : ALGER, ORAN, CONS-
TANTINE, TUNIS.
2e *Catégorie*. — Sous-préfectures et villes importantes : Orléansville, Le Kef, Bizerte, etc.
3e *Catégorie*. — Villes de moindre importance : Aumale, Crète-
ville, etc.

Itinéraires des Villes de la 1re *Catégorie. Villes avec plan.* — Ces
villes sont reliées aux villes de la même catégorie avoisinantes
par des itinéraires très complets. Nous avons établi les distances
en procédant par sorties successives, en commençant par celle se
trouvant au nord de la ville (en haut sur le plan) et en tournant
de gauche à droite. Pour chacune, nous indiquons à la suite de
(par) les places et les rues que doit suivre le touriste pour sortir
de la ville.

Nous nommons, pour chaque itinéraire, à la suite du mot : *via*,
dans l'ordre où les rencontre successivement, les villes de la
2e et de la 3e catégorie. La description détaillée de l'itinéraire est
faite seulement jusqu'à la rencontre avec une ville de la 2e catégorie. Le mot : *bif.*, placé après une ville, indique qu'il se détache de cette ville deux ou plusieurs routes conduisant aux
villes dont les noms et les distances suivent. — Les distances sont
toujours comptées depuis la ville étudiée.

Dans le texte des itinéraires, les villes de la 3e catégorie sont
écrites en caractères romains, et celles de la 1re et de la 2e le sont
en capitales.

Exemple : à TUNIS, on lit : *Via* Tebourka, 32 k., Mateur, 61 k. :
BIZERTE, 116 k.; ce qui veut dire que pour aller à BIZERTE (distance de TUNIS, 116 k.) on rencontre successivement : Tebourka à
32 k. de TUNIS, Mateur à 61 k. de Tunis, puis BIZERTE.

Villes de la 2e catégorie. Villes sans plan. — Chaque ville de la
2e catégorie est reliée, par un itinéraire, aux villes de la même
catégorie avoisinantes, avec l'indication des distances respectives,
toujours comptées du point de départ. L'itinéraire est prolongé,
en certains cas, jusqu'à une ville de la 1re catégorie.

Villes de la 3e catégorie. — Ces villes sont reliées aux villes de
la 1re ou 2e catégorie les plus voisines; mais ici nous donnons
seulement les distances, sans décrire d'itinéraires.

I. — Signes conventionnels.

1° Signes employés dans le texte

* But d'excursion, curiosité ou monument à visiter (1).
P PRÉFECTURE.
SP SOUS-PRÉFECTURE.
C Chef-lieu de Canton.
Station de Chemin de fer.
Bureau de Poste.
Bureau de Télégraphe.
Bureau de Téléphone.
n°... Numéro de téléphone des Hôtels ou des Agents.
E Dépôt d'essence.
Stock Michelin (2).
*** Hôtel, prix par jour : 13 fr. et au-dessus, vin compris (2).

** Hôtel, prix par jour : de 9 à 13 fr., vin compris (2).
* Hôtel, prix par jour : moins de 9 fr., vin compris (2).
Auberge (sans étoile).
◇ Chambre noire pour la photographie avec lanterne, eau et cuvettes.
Mécanicien réparateur.
3 Garage pour 3 voitures. (Le chiffre varie). (2).
U Fosse à réparations.
Station électrique ou installation pour la recharge des accumulateurs d'allumage (1).

2° Signes figurant sur les plans.

Cathédrale.		C	Casernes.
⊙ Église.		G	Gendarmerie.
Hôpital.		H	Hôtel de Ville.
Hôtel (3).		J	Palais de Justice.
Mécanicien (3).		P	Préfecture.
.... Lignes de tramways.		T	Théâtre.
Bureau principal des Poste, Télégraphe, Téléph., POSTE RES-TANTE.		◄══	Flèche de direction à la sortie des villes et numéro de la sortie (correspondant au numéro du texte des Itinéraires) (4).

3° Signes figurant sur les schémas d'excursions.

◎ ALGER Préfecture ou ville importante.
• Bône Sous-préfecture ou ville moins importante.
○ Staouéli Autre localité.
━━━ Route ou piste praticable à l'auto.
•-•-•-• Chemin ou sentier impraticable en auto.

→•← Route pittoresque.
ᴧᴧᴧᴧᴧ Route très pittoresque.
ᴡᴡᴡᴡᴡ Rampe (montée, descente).
Distances kilométriques. Les distances sont comptées des villes importantes entre elles, ou d'une de ces villes à une barre de jonction.

4° Légende des Signes conventionnels de la carte.

(Voir page 131, au début de l'Atlas.)

---

(1) Lire, § 2, Observations essentielles, page 6.
(2) Lire, § 1, Observations essentielles, page 6.
(3) Le numéro qui est placé sur un plan de ville à côté de ce signe correspond à celui par lequel est désigné, sur la page de droite, l'hôtel ou le mécanicien.
(4) Nous plaçons à côté de la flèche les noms d'une ou deux villes voisines, et leurs distances à la ville étudiée.

II. — Abréviations (dans l'ordre alphabétique).

acc.	Accidenté.	Fortif.	Fortifications.
Adr. télégr.	Adresse télégraphique.	Gd, Gde	Grand, Grande.
		k.	kilomètre.
(Alt. ... m. ...)	Altitude, en mètres, au–dessus du niveau de la mer.	Manuf.	Manufacture.
		Mon^t	Monument.
		N.-D.	Notre-Dame.
Anc.	Ancien.	Ond.	Ondulée.
Ascens.	Ascension.	Panor.	Panorama.
Av.	Avenue.	Pavée 20 k.	Route pavée sur une longueur de 20 kilom.
bif.	Bifurcation.		
carr.	Carrossable.	pitt.	Pittoresque, beaux points de vue.
Cath.	Cathédrale.		
Chap.	Chapelle.	pl.	place.
Chât.	Château.	Prom.	Promenade.
boul.	boulevard.	r.	rue.
dure 7 °/.	Route montagneuse avec côtes atteignant 7 °/..	R. N.	Route nationale.
		rte	route.
		s.	siècle.
dure 12 °/.	Route montagneuse avec côtes de 12 °/. et plus.	(S. de B.)	Salle de Bains.
		St, Ste	Saint, Sainte.
		Sculpt.	Sculpture.
Egl.	Eglise.	Stat.	Statue.
emp.	Empierrée.	Tabl.	Tableaux.
Env.	Environs.	Téléph.	Téléphone.
espl.	Esplanade.	(vnc)	vin non compris.
Exc.	Excursions, promenades, curiosités (le signe ∗ désigne les excursions spécialement recommandées).	Voir.	Curiosités, monuments à visiter (le signe ∗ désigne les curiosités très intéressantes).
Exc. circul.	Excursions circulaires.	(wc)	Water-Closets bien tenus, avec appareils de chasse à effet d'eau.
faubg.	faubourg.		

TITRE I

LES PNEUMATIQUES MICHELIN

STOCK MICHELIN

BUT. — SIGNES DISTINCTIFS

Un Chauffeur ayant à son Automobile des pneus de dimensions courantes, **doit trouver** chez les détenteurs du **Stock Michelin** les **Rechanges** nécessaires aux remplacements urgents, ainsi que les **Accessoires** utiles aux réparations : Manchons-guêtres, Garnitures caoutchouc, Emplâtres caoutchouc et toile pour Enveloppes, Pastilles pour Chambres à air, Nécessaires de Réparations de tous les types, Leviers de démontage, Mastic Michelin, Lardon Michelin, etc. etc.

Le Stock Michelin comprend des Enveloppes lisses et à semelle, dans les dimensions courantes, ainsi que des Chambres à air et les Accessoires les plus nouveaux.

Il est signalé aux chauffeurs :

1° *Dans le Texte des Villes*, par les mots Stock Michelin placés avant le nom du Dépositaire.

```
STOCK
MICHELIN
AUTO-PALACE TUNIS
3, rue d'Autriche prolongée.
```

2° *Sur les Routes*, de grandes *Affiches spéciales* apposées à l'abord des Villes où réside un Stockiste, indiqueront aux chauffeurs *le Nom et l'Adresse exacte de notre Dépositaire*. Ces *Affiches* portent la mention " STOCK MICHELIN " et dans le bas, en grands caractères, *le Nom et l'Adresse du Stockiste. (Voir figure ci-dessus.)*

3° *Dans les Villes*, comme les années précédentes, nos Stockistes sont signalés aux chauffeurs par un grand Panonceau rond à *double face*, avec l'inscription :

```
STOCK
MICHELIN
1907
```

" STOCK MICHELIN 1907 "
(voir figure ci-contre).

NOTA. — Les fabricants et agents désireux d'acquérir notre Stock devront nous le faire savoir avant le 1er janvier de chaque année. Passé cette date, il nous serait, en effet, impossible de les faire figurer sur le plan de leur ville et de les indiquer aux distances kilométriques.

LISTE DES DÉPOSITAIRES

DU

STOCK MICHELIN

I. Algérie-Tunisie et les Pays voisins

ALGÉRIE

ALGER. — **Gérin**, *28, rue de la Liberté.*
  —   **Le Gerriez**, *boulevard Carnot.*
  —   **Carrier et Rey**, *73, rue d'Isly.*
  —   **Kuntz**, *11, rue de Constantine.*
BATNA. — **Zito**, *rue de Constantine.*
BONE. — **Auto-Garage Bonovis (Tramaloni et Giroud)**,
    8, r. Prosper-Dubourg.
BOUGIE. — **Vogelweith**, *rue Jeanne-d'Arc.*
CONSTANTINE. — **Fournel**, *53, rue Nationale.*
ORAN. — **L'Universelle**, *60, rue d'Arzew.*
SETIF. — **Collet**, *29, rue de Constantine.*

TUNISIE

TUNIS. — **Auto-Palace**, *3, rue d'Autriche prolongée.*

FRANCE

ABBEVILLE. — **Caron**, *1, avenue du Rivage.*
AGEN. — **Court**, *boulevard Président - Carnot.*
AIX-EN-PROVENCE (B.-d.-R.) — **Niel A. fils**, *allées de la Rotonde,*
    route de Marseille.
AIX-LES-BAINS. — **Domenge**, *1, square du Gigot.*
AJACCIO. — **Serra (Léon), fils**, *19, cours Napoléon.*
ALBERTVILLE. — **Panchaud**, *12, rue de Genève.*
ALENÇON. — **Moutreuil (A. et P.)**, *18 et 20, rue des Tisons.*
AMBOISE. — **Camus-Avril**, *quai Charles-Guinot.*
AMIENS. — **Corroyer et Huet**, *2, 4, 6, rue St-Honoré.*
  —   **Vve Ch. Victor**, *14, esplanade Noyon.*
ANGERS. — **Fouillaron**, *49, r. Boisnet.*
  —   **Gillouard & Cie**, *8, rue de la Gare St-Laud.*
  —   **Maisongrande, Guerrier et Cie**, *3 bis et 5, ave-*
    nue de Contades.
  —   **Malinge**, *23, rue Paul-Bert.*
ANGOULÊME. — **Lebreton**, *46, rue de Périgueux.*
ANNECY. — **Lettraz (Maurice)**, *4 et 6, rue Royale.*
ANNONAY. — **Delon frères**, *Champ-de-Mars.*
ARCACHON. — **Couach et Fils**, *39, boul. d'Haussez.*
ARGENTAN. — **Ghislain**, *49 bis, rue de la République.*
ARLES. — **Arnaud**, *8, rue du Marché-Neuf.*
ARRAS. — **Delausorne (Désiré)**, *97, rue Saint-Aubert.*
AUBENAS. — **Bonnet**, *12, avenue de la Liberté.*
AUCH. — **Turbeaux**, *place de Strasbourg, 7 et 3, route de Tou-*
    louse.
AURILLAC. — **Nozières**, *3, rue du Consulat et 16, avenue de la*
    République.
AUTUN. — **Bernay Jeune et Cie**, *42, avenue de la Gare.*
AUXERRE. — **Savery**, *15, rue de l'Arquebuse.*
AVALLON. — **Houroux**, *39, rue de Paris.*

AVESNES. — **Deshayes frères et Courtois,** *11, rue de Maubeuge, près la gare.*

AVIGNON. — **Mathieu,** *boulevard Saint-Roch.*

AVRANCHES. — **Bonjon,** *13, rue Louis-Millet.*

BAPAUME. — **Verdel-Vermel,** *1, Grande Place.*

BAR-LE-DUC. — **Petit,** *44, 46, 48, boulevard de La Rochelle.*

BAYONNE. — **Gambade (Célestin),** *11, rue Jacques-Laffitte.*

BEAULIEU-SUR-MER. — **Meunier et Cⁱᵉ (Auto-Hall Garage),** *avenue Félix-Faure.*

BEAUVAIS. — **Bellevoye,** *76, place de l'Hôtel-de-Ville.*

BELFORT. — **Meillère,** *27, faubourg de France.*

BELLEY. — **Clerc (Maurice),** *avenue de la Gare, et 35, rue Saint-Jean.*

BERGERAC. — **Gérard,** *36, place Gambetta.*

— **Planteau et Girard,** *3, place Clairat.*

BESANÇON. — **Drouhard,** *17, avenue Carnot.*

BETHUNE. — **Guillemant-Dissaux,** *38, boulevard Degeorges.*

BEZIERS. — **Fitte et Dorne,** *9, 11, 13, avenue de Belfort.*

BIARRITZ. — **Bonneville (L.),** *15, avenue de Bayonne.*

— **J. Laffitte,** *2, 4 et 6, avenue de la Négresse.*

— **Société automobile du littoral,** *4, avenue de Bayonne.*

BLOIS. — **Mesnard,** *20, rue Porte-Côté.*

BORDEAUX. — **Bergeon et Cⁱᵉ,** *21, rue Esprit-des-Lois.*

— **Bord et fils,** *41, rue Charles-Marionneau.*

— **Central-Garage Fondaudège,** *16, place Fondaudège.*

— **Jiel-Laval,** *5, cours du Chapeau-Rouge.*

— **Laffitte (H.),** *124, cours du Médoc.*

— **Léon et Cⁱᵉ,** *32, cours du Jardin-Public.*

BOULOGNE-SUR-MER. — **Sergent,** *14, rue Victor-Hugo.*

BOURG. — **Couturier-Pitre,** *11, avenue de Rozières.*

BOURG-DE-PEAGE. — **Tabarin (Auguste),** *22, rue des Minimes.*

BOURGES. — **Aubard,** *15, rue des Arènes.*

— **Cotin,** *5, avenue de la Gare.*

BOURGOIN. — **Diederichs,** *9, rue Poncottier.*

BREST. — **Auto-Garage Brestois (Renouvel Dʳ),** *40, rue Colbert.*

BRIANÇON. — **Salle père,** *au Champ-de-Mars, route d'Italie.*

BRIGNOLES. — **Brun,** *24, rue de la République.*

BRIVE. — **Merly (Fernand),** *20, avenue de la Gare.*

CAEN. — **Bedouelle-Voisin,** *quai de Juillet.*

— **Bence,** *boulevard Bertrand.*

CAHORS. — **Artigalas,** *103, boulevard Gambetta.*

CALAIS. — **Agence Commerciale d'Automobiles du Nord,** *1, rue du Four-à-Chaux.*

CAMBRAI. — **Fliniaux Frères,** *37 et 39, rue des Carmes.*

CANNES. — **Abel Le Marchand, Vincent et Cⁱᵉ,** *4, quai Saint-Pierre, et boul. du Midi.*

— **Ortelli,** *boulevard Carnot.*

CARCASSONNE. — **Plancard fils et Cⁱᵉ,** *5, allées d'Iéna.*

CARPENTRAS. — **Genas,** *18, place de l'Hôpital.*

CASTRES. — **Numa Bel,** *r. de l'Evêché et place de la République.*

CETTE. — **Aussenac,** *place Delille.*

CHAGNY. — **Caillon et Bobin,** *50, rue de la Ferté.*

CHALONS-SUR-MARNE. — **Leblanc,** *5, place Godart.*

CHALON-SUR-SAONE. — **Dubois,** *23, rue de la Banque.*

— **Reymond et Cⁱᵉ,** *9, r. de Lyon.*

CHAMBERY. — **Salamo,** *11, rue Saint-Antoine.*

CHANTILLY. — **Grignut,** *72, rue du Connétable.*

CHARLEVILLE. — **E. Froussart aîné,** *34, avenue Nationale.*

CHARTRES. — **Darcelle,** *14, place des Epars.*

— **Lechevalier-Rousseaux,** *16, rue de Bonneval.*

CHATEAUDUN. — **Bourbon,** *39, r. de Chartres.*

CHATEAUROUX. — **Diot frères,** *4, place Voltaire.*

— **Jablin,** *7, avenue de la Gare.*

CHATEAU-THIERRY. — **Dalot (V.),** *29, avenue d'Essômes.*

CHATELLERAULT. — **Naud,** *65, boul. Blossac.*

CHAUMONT. — **Lorinet,** *6, rue de la Gare.*

CHERBOURG. — **Mallet,** *11, rue du Bassin.*

CHINON. — **Schmitt-Lambert,** *11, rue du Commerce.*

CHOISY-LE-ROI. — **Lotteau Frères,** *14, rue du Pont.*
CHOLET. — **Frappier,** *87 bis, r. Nationale.*
CLAMECY. — **Pichon,** *41, place de Bethléem.*
CLERMONT-FERRAND. — **MICHELIN & Cie,** *place des Carmes-Déchaux.* Tout ce qui a trait aux roues et pneus Michelin. Adr. télég.: Pneumiclin-Clermont-Ferrand. Téléphone 0,22
   —   **Ladoux,** *18, rue Blatin.*
COGNAC. — **Drounau,** *impasse St-Martin.*
COMPIEGNE. — **Guinard,** *31, boulevard du Cours.*
CORBEIL. — **P. Flament, fils,** *13, rue Calignani.*
DAX. — **Magendie,** *place Thiers.*
DECIZE. — **Millet,** *place de la République.*
DIEPPE. — **Beck,** *24, rue de Sygogne.*
DIGNE. — **Giraud,** *98, boulevard Gassendi.*
DIJON. — **Alizon,** *1 et 3, rue Jacques-Cellerier.*
   —   **Levoyet,** *1, place du Peuple.*
DINAN. — **Lucas,** *15, rue des Rouairies.*
DOLE. — **Courcenet,** *84, rue des Arènes.*
DRAGUIGNAN. — **Mazoullier,** *15, rue de la République.*
DREUX. — **Jouffrieau-Rouzaud,** *9, rue de Sénarmont.*
ELBEUF. — **Mottin (Gabriel),** *54, cours Carnot.*
EPERNAY. — **Jaeger-Rouot,** *36, rue Saint-Laurent.*
EPINAL. — **Méline,** *place du Paquis.*
   —   **Moranduzzo et Mougin,** *10, quai des Bons-Enfants.*
EU. — **Méniel-Tollier,** *chaussée de Picardie, 122, 124.*
EVREUX. — **Hée,** *57, rue Joséphine.*
EYMET. — **J. Reynaud,** *route Nationale.*
FALAISE. — **Beaudet,** *rue d'Argentan.*
FECAMP. — **Rouen,** *6, place Thiers.*
FIGEAC. — **Chartrou,** *rue Gambetta.*
FONTAINEBLEAU. — **Jubé-Renaud,** *1, rue Grande.*
   —   **Pontillon,** *23, place Denecourt.*
FONTENAY-LE-COMTE. — **Foussadière-Bichon,** *43, rue du Port.*
FOUGERES. — **Viellerobe,** *29, rue du Tribunal.*
GAP. — **Henri Sibourd,** *3, avenue d'Embrun.*
GISORS. — **Dudoy,** *8, route de Dieppe.*
GRANVILLE. — **Nivard,** *fonderie de Granville, près la gare.*
GRASSE. — **Engilberge,** *15, boulevard Thiers.*
GRENOBLE. — **Guérin,** *15, rue Beyle-Stendhal.*
   —   **Magnat et Debon,** *67, 69, 71, cours St-André.*
GUERET. — **Allasluquetas,** *boulevard Carnot.*
GUINGAMP. — **Penanhoat (François),** *rue Notre-Dame, en face l'église.*
HONFLEUR. — **Verneuil,** *69, quai Sainte-Catherine.*
HOULGATTE-BEUZEVAL. — **Leralu,** *rue du Marché.*
HYERES. — **Mourlan,** *aven. des Iles-d'Or et route Nationale, 37.*
JOIGNY. — **Matthe-Bellot,** *2, quai de la Butte.*
JOINVILLE (H^{te}-Marne). — **Blanchard (Automobiles).**
LA CHARTRE-SUR-LE-LOIR. — **Proust,** *place de l'Église.*
LA CROISÉE-DE-BELLEVILLE-SUR-SAONE (Rhône). — **Perrin (Automobiles).**
LA FERTÉ-MACÉ. — **Jamet,** *rue Saint-Denis.*
LA FLECHE. — **Chailloux,** *9, rue Carnot.*
LAGNY. — **Dubois,** *22, rue du Chemin-de-Fer.*
LAIGLE (Orne). — **Lesueur,** *7, rue Porte-Givry.*
LA LOUPE. — **Fontaine,** *rue de la Petite-Vitesse.*
LANGRES. — **Chabaud,** *9, rue Diderot.*
LANNION. — **Le Flanchec,** *place de la Gare.*
LAON. — **Sarraller,** *15, rue Saint-Martin.*
LAPALISSE (Allier). — **Runcut,** *avenue de la Gare.*
LA ROCHELLE. — **Roux frères,** *18, cours des Dames.*
LA ROCHE-SUR-YON. — **Sorin,** *20, rue des Sables.*
LAVAL. — **Lainé frères,** *quai d'Avesnières.*
   —   **Trochon,** *12, quai Jehan-Fouquet.*
LE HAVRE. — **Burton,** *7, rue Béranger.*
   —   **Caplet, M.,** *34 bis, rue Dicquemare.*
LE MANS. — **Delaroche,** *72, avenue Thiers.*
LE PUY. — **Pouderoux,** *place Michelet.*
LES SABLES-D'OLONNE. — **Lepeigue,** *place de la Barre.*

LIBOURNE. — **Brotonnet**, *place de la Verrerie.*
LILLE. — **Dulieux et Cie**, *38, place du Théâtre.*
   —   **Agence Commerciale d'Automobiles du Nord,** *36, rue de l'Hôpital-Militaire.*
   —   **Declercq et Cordonnier et Cie**, *1 bis, rue de la Chambre-des-Comptes.*
   —   **Vallez**, *rue Macquart.*
LIMOGES. — **Central-Garage**, *6, 8, boul. de Fleurus.*
   —   **Texiéras**, *3, boul. Louis-Blanc.*
LISIEUX. — **Courtonne**, *27, rue de Paris.*
LONS-LE-SAUNIER. — **Hugonnet et Thévenod**, *place de la Liberté.*
   —   **Mazet**, *6, rue Rouget-de-l'Isle.*
LORIENT. — **Augereau**, *cours Chazelles et 15, rue des Fontaines.*
LOURDES. — **Place (J.-B.)**, *4, chaussée Maransin.*
LOUVIERS — **Cottard**, *64, Rue Grande.*
LYON. — **MICHELIN & Cie**, **Lambotte**, Dépositaire, *6, rue Rabelais, près le pont Lafayette (rive gauche).* — Adr. télég. : Pneumiclin-Lyon. Téléphone 19,43. — Dépôt très complet.
   —   **Gautheron et Mougin**, *146, avenue de Saxe et 85, rue Pierre-Corneille.*
MACON. — **Bertrand**, *10, quai du Nord.*
MANOSQUE. — **Léon Guigou (cycles et autos).**
MARMANDE. — **Bourrillon**, *boulevard de Maré.*
MARSEILLE. — **Arène et Barthélemy**, *8, rue du Muguet.*
   —   **Grus, Cabarrus et Cie**, *25, cours Lieutaud.*
   —   **Bablot**, *170, cours Lieutaud.*
   —   **Faldelia**, *12, boulevard National.*
   —   **Mourgues et Cie**, *4, place Castellane.*
   —   **Andrillon**, *21, cours Lieutaud.*
MAZAMET. — **Loubie**, *Grande-Rue.*
MEAUX. — **Feillée**, *17, rue du Grand-Cerf.*
MELUN. — **Pélisson et Troulet**, *70, rue Saint-Barthélemy.*
   —   **Penello fils**, *20 bis, avenue Thiers.*
MENDE. — **Giral (Emile)**, *place au Blé.*
MENTON. — **G. Berte**, *avenue de la Madone.*
MILLAU. — **Bonnafous**, *boulevard de l'Ayrolles, 71.*
MODANE. — **Louis Nuer fils**, *en face la Gare.*
MONACO. — **Ferraris**, *35, boulevard de l'Ouest.*
MONT-DE-MARSAN. — **Candille et Danos**, *place de l'Hôtel-de-Ville.*
MONTARGIS. — **Cherbuy-Ouachée**, *avenue de la Gare des Marchandises.*
MONTAUBAN. — **Coudere**, *21, rue de la République.*
MONTBELIARD. — **Vurpillot**, *64, rue Cuvier.*
MONTE-CARLO. — **Jacquin**, *avenue des Citronniers.*
   —   **Hennocque**, *place Sainte-Dévote.*
MONTELIMAR. — **Moulin**, *19, boul. Saint-Gaucher.*
MONTEREAU. — **Prevot**, *22, rue Grande.*
MONTLUÇON. — **Tripier (L.)**, *boulevard de Courtais.*
MONTPELLIER. — **Boisset**, *34, Cité Industrielle.*
   —   **Caraman**, *8, r. de l'Observance.*
   —   **Clerel (Louis)**, *31, boulev. du Jeu-de-Paume.*
MONTREUIL-SUR-MER. — **Grumez**, *44, Grande-Rue.*
MORTAGNE. — **Barillet**, *rue de la Comédie.*
MOULINS. — **Chapier aîné**, *15, rue Paul-Bert.*
   —   **Chapier jeune**, *12, rue Gambetta.*
NANCY. — **Schott**, *5, rue Girardet.*
NANTES. — **Bertheau**, *27, rue de Strasbourg.*
   —   **Moncet et Nayrolles**, *20, rue Racine.*
NARBONNE. — **Bonneville (L.)**, *16, boulevard Gambetta.*
NEUFCHATEAU. — **Perru**, *65, rue de France.*
NEVERS. — **Guin A. et fils**, *13, rue Saint-Martin.*
NICE. — **Société Automobile du Littoral**, *35, rue de la Paix.*
   —   **Chevillot et Volpi**, *31, rue Lépante.*
   —   **Eréséo Frères**, *7, rue Croix-de-Marbre.*
   —   **Grus, Cabarrus et Cie**, *place Mozart.*
   —   **Garage Gambetta (L. Lassalle et V. Passeron)**, *20, boul. Gambetta.*
   —   **Mrozowicki Frères**, *2, rue Croix-de-Marbre.*
NIMES. — **A. Gardes fils**, *26, rue Notre-Dame.*

NIMES. — **Bompard**, *63, rue Séguier.*
— **Mathieu (Paul)**, *40, boulevard de la République.*
NIORT. — **Bloch**, *39, rue de la Boule-d'Or et place du Temple.*
NOGENT-LE-ROTROU. — **Thibault**, *29, rue Charronnerie.*
NOGENT-SUR-VERNISSON. — **Jacob**, *route de Paris.*
OLORON-SAINTE-MARIE. — **Haurat fils**, *square du Jardin-Public.*
ORANGE. — **Charavin**, *Pont-de-l'Ange.*
ORLEANS. — **France**, *59, faubourg Bannier.*
— **Mançon**, *38, rue de la République.*
PARIS. — **MICHELIN & Cⁱᵉ**, *105, boul. Pereire (en face la station de Courcelles).* — Adr. télég. : **Pneumiclin-Paris.** — **Téléphone 503.08.** — Dépôt très complet.
PARTHENAY. — **Denoue**, *place du Drapeau.*
PAU. — **Couget**, *avenue de la Gare.*
PERIGUEUX. — **Dufour**, *16, rue Kléber.*
— **Gonthier**, *27, cours Montaigne.*
PERONNE. — **Brice**, *17, 19 et 21, place Saint-Sauveur.*
PERPIGNAN. — **Magne**, *1, quai Vauban, et 11, pl. de la Banque.*
— **Chassaing et Cⁱᵉ**, *rue du Pont-de-Guerre.*
PLOERMEL. — **Le Cadre**, *rue des Forges.*
POITIERS. — **Arnaud**, *7, rue Carnot.*
PONTARLIER. — **Legros (Ch.)**, *9, rue Morieux.*
PONT-AUDEMER. — **Stritter**, *7, place Victor-Hugo.*
PONT-SAINT-ESPRIT. — **Castanier**, *13, boulevard Gambetta.*
PROVINS. — **Hybgen**, *1 et 3, rue des Bardes et place de l'Hôtel-de-Ville.*
QUIMPER. — **Jubaud**, *18, boulevard de l'Odet.*
REBAIS (Seine-et-Marne). — **Evrard**, *automobiles.*
REIMS. — **Devraine**, *place Colin.*
— **Mathieu**, *16, rue Buirette.*
REMIREMONT. — **Bachmann**, *41, rue de la Xavée.*
RENNES. — **Lepeltier**, *11, rue de la Santé.*
— **Hamon (Victor)**, *4, rue de La Chalotais.*
RETHEL. — **Villeval-Cunin**, *18, rue d'Evigny.*
RIVE-DE-GIER. — **Buiso**, *74, rue de Lyon.*
ROANNE. — **Vᵉ F. Musset**, *5, rue de la Sous-Préfecture.*
RODEZ. — **Burg (Laurent)**, *Place d'Armes.*
ROMORANTIN. — **Pousset**, *78, Grande-Rue.*
ROUEN. — **Manchon et Durand**, *16, quai Gaston-Boulet.*
— **Ménager & Cⁱᵉ**, *20, rue des Charrettes.*
— **Prunet**, *1 et 6, rue François-Arago.*
RUFFEC. — **Arnaud-Goursaraud**, *rue de Valence.*
ROYAN. — **Quémard**, *avenue de Pontaillac.*
SAINT-AMAND. — **Baile**, *rue Nationale.*
SAINT-BRIEUC. — **Le Quéré**, *10, rue du Légué, et 11, place Duguesclin.*
SAINT-DIE. — **Gérardin**, *40, rue d'Alsace.*
SAINT-ETIENNE. — **Chapuis**, *6, rue du Grand-Moulin.*
SAINT-FLORENTIN. — **Leuley-Lespagnol**, *18, rue Dilo.*
SAINT-GAUDENS. — **Bize**, *45, boulevard du Nord.*
SAINT-GERMAIN-EN-LAYE. — **Carnoy**, *58, rue de Paris.*
SAINT-GERVAIS-LES-BAINS (Hᵗᵉ-Savoie). — **Perroud**, *automobiles.*
SAINT-HIPPOLYTE-DU-FORT. — **Cabane**, *r. de l'Argenterie.*
SAINT-JEAN-D'ANGELY. — **Mège**, *35, rue Gambetta.*
SAINT-JEAN-DE-LUZ. — **Claverie**, *boulevard Victor-Hugo.*
SAINT-LO. — **Benech**, *20, rue Dollée.*
SAINT-MALO. — **Guilloux**, *1, place Chateaubriand.*
SAINT-NAZAIRE. — **Rousseau**, *20, rue Thiers.*
SAINT-POURÇAIN. — **Vincent**, *faubourg Palluet.*
SAINT-QUENTIN. — **Société anonyme des Établissements Montauban et Marchandier**, *74, boulevard Henri-Martin.*
SAINT-RAPHAEL. — **Émile Marvaldy jeune (Auto-Garage)**, *place Roquebrune.*
SAINT-VALLIER. — **Plattier et Paret**, *route Nationale.*
SAINTE-COLOMBE-LES-VIENNE. — **Paumier**, *rue Garon.*
SAINTES. — **Cazaugade (H.) jeune**, *4, rue Gambetta.*
SALON. — **Brigandat Fils**, *automobiles.*
SAUMUR. — **Constant**, *49, rue Dacier.*

SEDAN. — **Froussart aîné**, *avenue Philippoteaux*.
SENS. — **Millet, 22, 24 , r. de la République**.
— **Pagnier et Fournier**, *52, rue de Paris et 13 , rue du Plat-d'Étain*.
SEZANNE. — **Petit**, *2, rue de Paris*.
SISTERON. — **Martel**, *32, rue Droite*.
SOISSONS. — **Renée (Louis), 3, faubourg de Reims**.
SUIPPES. — **Docks Automobiles de l'Est**, *avenue de la Gare*.
TAIN. — **Dumas**, *automobiles*.
TARBES. — **de Lafitole**, *avenue Bertrand-Barrère*.
THIZY (Rhône). — **Buffin-Plasse**, *rue du Bourg*.
THONON-LES-BAINS. — **Lemuet**, *route de Genève*.
TOULON. — **Saunin**, *74, 80, boulevard de Strasbourg*.
TOULOUSE. — **Bonneville**, *52, boulevard Carnot*.
— **Behell et Cie, 34, rue d'Aubuisson**.
— **Fitte et Dorne (Palais de l'Automobile)**, *61 , boulevard Carnot*.
TOURCOING. — **Agence commerciale d'Automobiles du Nord**, *353, boulevard Gambetta*.
TOURNUS. — **Bontemps**, *place du Champ-de-Foire*.
TOURS. — **Clément**, *13, rue Richelieu*.
— **G. Heintz-Bouchardeau**, *114 bis, rue d'Entraigues*.
— **Palais-Garage (Jeannin)**, *5, place du Palais*.
— **Bourdeaux**, *16, avenue de Grammont*.
TROUVILLE. — **Martine et Cie**, *place du Pont*.
— **Cheringou**, *88, 90, 92, rue des Bains*.
TROYES. — **Contant Frères**, *2, 4, faubourg Croncels*.
— **Dégageux Frères**, *12, rue Michelet*.
— **Rigoley**, *10, rue de la Paix*.
TULLE. — **Allary**, *1, quai de Valon*.
VALENCE. — **Minodier**, *1, boulevard Bancel*.
VALENCIENNES. — **Coquelet**, *87, rue de Paris*.
VANNES. — **Roger**, *6 et 8, rue d'Auray*.
VENDOME. — **Masson (Vve) et Fils**, *1 bis, rue du Mail*.
VERDUN. — **Rochette**, *42, rue Mazel*.
VERNEUIL. — **Jardin**, *place de la Madeleine*.
VERNON. — **Moché et Hoschedé**, *105, route de Paris*.
VERSAILLES. — **Bouchoir**, *1, avenue de Saint-Cloud*.
VESOUL. — **Blanchard et ses fils**, *rue Grosjean et rue Gérôme*.
VICHY. — **Hennecque**, *12 et 14, r. de Ballore*.
— **Rigondet**, *81, route de Cusset*.
VIERZON. — **Rossignol-Couleuvrat**, *1, quai de Grossous*.
VILLEFRANCHE (Rhône). — **Lacroix**, *13, rue Victor-Hugo*.
VILLEFRANCHE-DE-ROUERGUE. — **Villarouge**, *boulevard de la Douve*.
VILLENEUVE-SUR-LOT. — **Bonneville (L.)**, *30, rue de la Convention*.
VILLERS-SUR-MER. — **Bec**, *rue Pigeory*.
VITRY-LE-FRANÇOIS. — **Greux**, *4, petite r. de l'Hôtel-de-Ville*.
VOIRON. — **Parendel Frères**, *promenade du Mail*.

ITALIE

MILANO (MILAN). — **AGENZIA ITALIANA DEI PNEUMATICI MICHELIN**, *14, via Foro*. — Adr. Télégr. : Pneumiclin-Milan. Téléphone 1932.
ALLESSANDRIA. — **Maino Giovanni**, *portici Garibaldi, 1*.
BERGAMO. — **Societa Lombarda Automobili (Espéria)**, *via Ernesto Rossi, 4 bis*.
BIELLA. — **Magliola Antonio e figli**, *cs. Sempione*.
BOLOGNA. — **Marco Fiorini**. — Fabb. Carrozze, *via Belle Arti, 11*. — **Grazia e Fiorini**, *via Indipendenza, 17*.
BRESCIA. — **Auto-Garage Baletti**, *piazza Rizzardo, 17*.
CATANIA. — **Stramondo Prospero**, *via Lincoln, 65-67-69*.
DOMODOSSOLA. — **Broglia Erminio e Cie**.
FIRENZE. — **Soc. anon. Garages Riuniti-Fiat-Storero-Alberti**, *via dei Pucci, 6*.
GENOVA. — **Central Garage (Mangini Merello e Cie)**, *vico della Gazella*.

GENOVA. — Soc. anon. Garages Riuniti (Fiat-Storero-Alberti).
via F. Ferruccio, 5.
— Fabbro e Gagliardi, *via XX Settembre No. 5.*
— Auto-Garage Squaglia, *piazza Marsala.*
LECCO. — Moretti Umberto, *piazza Mazzini, 9.*
MANTOVA. — Benetti Rainero, *piazza Sordello, 1-15.*
MESTRE. — Soc. Comm. Automobilistica T. Graziani e C⁰. Auto-
— Garage Marcon.
MILANO. — Soc. anon. Garages Riuniti (Fiat-Storero-Alberti),
foro Bonaparte, 35 A.
— { Fabbre & Gagliardi (Auto-Garage), *piazza Mocello, 23.*
{ (Negozio), *via Santa Margherita, 16.*
— Soc. anon. Frera (Auto-Garage), *via Carlo Alberto, 33.*
— Auto-Garage Ved. Ottolini, *via Vivaio, 12.*
— Garage Marquart, *via Francesco Melzi, 3.*
— Societa Torinese Automobili Rapid, *c. Principe Um-
berto, 18.*
— Bozzi Durando e C⁰, *cs. Genova No. 9.*
MODENA. — Stanguellini Celso, *portico del Collegio.*
NAPOLI. — S. Anon. Auto-Garage Alessio, *piazza Sannazzaro.*
— De Biaso Giovanni, *via Roma, 295.*
PADOVA. — Soc. comm. Automobilistica E. Graziani & C⁰, *via
S. Pietro, 5.*
PALERMO. — Tortima Giovanni, *cs. Vitt. Emanuele, 301-3-17.*
PARMA. — Rossi Giuseppe, Emporio Ciclistico, *rimpetto al R.
Teatro.*
PERUGIA. — Emporio Ciclistico, *piazza Vittorio Emanuele, 7.*
ROMA. — Societa Italiana per Automobili, *piazza S. Luigi dei Fran-
cesi, 28.*
— Soc. An. Garages Riuniti (Fiat-Storero-Alberti), *via Fla-
minia, 56.*
— Soc.An.Garages Alessio,*via Basilicata Siciliae Campania.*
— Societa Automobili " Roma ", *via due Macelli, 66.*
— Fabbre e Gagliardi, *piazza Cavour.*
SALSOMAGGIORE. — Casiraghi Anselmo, Auto-Garage, *piazza
Cavallotti, 1.*
SAN-REMO. — Sappia Onorato, *via Gioberti, 1.*
SAVONA. — Agostino Ferro, *piazza Palcocapa, 4.*
TORINO. — Soc. An. Garage Allessio, *via Orto Botanico, 19.*
— Soc. An. Garages Riunitti (Fiat-Storero-Alberti), *cs
Massimio d'Azeglio, 18.*
— Fabbre e Gagliardi, *via Maria Vittoria, 23-24.*
UDINE. — F. Minisini.

ESPAGNE

MADRID. — **AGENCE GÉNÉRALE ESPAGNOLE DES
PNEUMATIQUES MICHELIN (Boyriven
fils et Cret)**, *12, Fernando VI.* Adr. télégr. :
Boyriven Comercio-Madrid.

Nous avons des stockistes très bien approvisionnés dans les
principales villes et notamment à : BARCELONE, BILBAO, GRE-
NADE, JIGON, LA COROGNE, SAINT-SEBASTIEN, SANTAN-
DER, SARRAGOSSE, SEVILLE, VALENCE, VALLADOLID,
VITORIA.

PORTUGAL

COIMBRA. — Gayo et C⁰, *avenida Navarro.*
LISBONNE. — A. Beauvalet et C⁰, *1 a 5, avenida da Liberdade.*
— A. Black et C⁰, *32, rua da Boa Vista.*
— C. de Carvalho, *12, praça dos Restauradores.*
— Marthinho et C⁰, *229, rua da Escola Polytechnica.*
— Ricardo O'Neill, *128, rua d'El Rei.*
— Sociedade Portugueza di Automoveis Limitada,
4 a 26, rua do Jardin do Regedor.
PORTO. — Casal Irmao et C⁰, *72, rua Don Carlos.*
— J. Garrido, *16, 18, 20, rua do Passos Manvel.*
— Teixeira et Irmao, *157, rua do Sá Bandeira.*

ÉGYPTE

ALEXANDRIE. — Pivot-Virot et C⁰.

II. Agences et Principaux Dépôts à l'Étranger

ALLEMAGNE (1)

FRANKFÜRT - A - MAIN (FRANCFORT - SUR - LE - MEIN). — DEUTSCHE MICHELIN PNEUMATIK AKTIENGE-SELLSCHAFT, *Mainzerlandstrasse, 116 et 116 A.* Adr. télégr.: Pneumiclin-Frankfurtmain. Téléphone 4.123. Dépôt très complet..

AMÉRIQUE DU NORD

NEW-YORK. — **MICHELIN PRODUCTS SELLING COMPANY INC.** *31, 33, West 31st Street.* Téléphone 5560-5561 Madison. Adr. télégr.: Pneumiclin New-York.

LA HAVANE (île de Cuba). — R. Girona Soler.
—   Victor G. Mendoza.

AMÉRIQUE DU SUD

BUENOS-AYRES. — Laborde & Cⁱᵉ, *368, 374, San Martin.*
—   Ramon Camano.
—   A. & G. Cahen, *760, Casilla, 539, Reconquisa.*
RIO-DE-JANEIRO. — J. Georges Haentjens, Directeur de l'Auto-Palace.
—   Isnard et Cⁱᵉ, *rua do Hospicio, 103.*
—   Antunes dos Santos et Cⁱᵉ.
SAO-PAULO. — A.-E. Tonglet.

AUTRICHE-HONGRIE

WIEN (VIENNE). — **RUDOLF MANDL,** *IV, Heugasse, 54 et 56.* Adr. télégr.: Pneumiclin Wien. Dépôt très complet.

BELGIQUE (1)

BRUXELLES. — **AGENCE GÉNÉRALE DES PNEUMATIQUES MICHELIN,** *54, rue de Spa.* Adr. télégr.: Pneumiclin-Bruxelles. Téléphone 1.121. Dépôt complet.

GRANDE-BRETAGNE

LONDON (LONDRES). — **MICHELIN TYRE Cᵒ, LTD.,** *49-50 Sussex Place, South Kensington, S. W.* Adr. télégr. Pneumiclin Londres. Téléphone 210.

---

(1) Consulter *notre Guide* pour la Belgique, Hollande, Luxembourg, Alsace-Lorraine (Vallées de la Meuse et du Rhin), dans lequel nous donnons la liste complète de nos stockistes en Allemagne et Belgique et leurs adresses.

HOLLANDE (1)

Nous avons des stockistes très bien approvisionnés dans toutes les grandes villes, et notamment à : AMERSFOORT. — AMSTER-DAM. — ARNHEM. — BOIS-LE-DUC. — HAARLEM. — HIL-VERSUM. — LA HAYE. — MAASTRICHT. — NIMEGUE. — ROT-TERDAM. — SCHEVENINGEN. — UTRECHT.

GOUVERNEMENT DE POLOGNE

VARSOVIE. — A. de Tcherniadieff, *25, rue Leszno.*
— Tadeuz Kowalski et a Trylski, *4, Miodava.*
— R. Schaab, *6, rue Litewska.*

ROUMANIE

BUCAREST. — A. Prager, *9, calea Victorici.*

RUSSIE

SAINT-PÉTERSBOURG. — St-Petersburger Gesellschaft « Po-lytechnik » 13, *Troïtzkaya.*
Tansky et Cie, Commercial House Pobeda.

SUÈDE

STOCKOLM. — Aktiebolaget, A. Wiklunds, *veclociped ek maskin-fabrik.*

SUISSE

GENÈVE. — **AGENCE GÉNÉRALE SUISSE DU PNEU-MATIQUE MICHELIN**, *13, rue Général-Dufour.* Adr. télégr. : Pneumiclin-Genève. Téléphone 4536. Stock très complet.
ZURICH. — **SCHWEIZERISCHE GENERAL-AGEN-TUR DES MICHELIN PNEUMATIKS**, *6, Waldmannstrasse (en face de la Rämipost).* Adr. télégr. : Pneumiclin-Zurich Téléph. 6997. Stock très complet.

---

(1) Consulter notre Guide pour la Belgique, Hollande, Luxembourg, Alsace-Lor-raine (Vallées de la Meuse et du Rhin) dans lequel nous donnons la liste complète de nos stockistes en Hollande et leurs adresses.

COMMANDES

CODE MICHELIN

Les services rendus par le *Code Michelin* le font apprécier vivement par notre clientèle en France; nous nous faisons donc un devoir de le faire figurer dans le présent Guide.

Ce Code donne un nom à chacun des articles de nos tarifs; ainsi une Chambre à air valve longue de 800 × 65 Voiture se désigne **Arcadia.** Ce système, qui oblige le client à bien préciser l'article qu'il désire, a donc l'avantage de diminuer les causes d'erreurs dans la rédaction des commandes et, par suite, dans leur interprétation. — En outre, l'emploi de ce Code fera réaliser une importante économie aux chauffeurs, lorsqu'ils auront recours au télégraphe pour nous demander des pièces de rechange.

Dans le même ordre d'idées, et toujours pour obtenir à la fois plus de précision et d'économie, *nous désignons comme suit les différents modes d'expédition.*

Valérius signifie : *Expédiez par la Poste.*
Varus — *Expédiez Postal Gare.*
Velitor — *Expédiez Postal Domicile.*
Vespasia — *Expédiez Grande Vitesse Gare.*
Vindex — *Expédiez Grande Vitesse Domicile.*
Vistula — *Expédiez Petite Vitesse Gare.*
Volta — *Expédiez Petite Vitesse Domicile.*

Ex. : au lieu d'écrire : « *Expédiez grande vitesse domicile 2 ch. à air valve longue 810 × 90 Voiture; 3 manchons-guêtres pour pneus de 90 avec jante bois,* » il suffira de mettre : « **Vindex,** deux **Bovinor,** trois **Fulgural.** » — (*Écrire de préférence les nombres en lettres.*)

CONDITIONS DE VENTE

Nous rappelons à nos clients que le caoutchouc n'a pas une durée indéfinie, comme l'acier, par exemple, mais qu'au contraire sa perte est inévitable à plus ou moins brève échéance et dépend de causes externes et internes, encore fort mal connues. Le travail extrêmement sévère auquel est soumis le pneumatique raccourcit encore cette durée précaire : le caoutchouc comme les toiles y supportant sans cesse des efforts très voisins de leur limite de rupture.

Tous nos efforts tendent à fournir le meilleur caoutchouc possible, et, d'autre part, nous cherchons aussi à éviter tous vices dans la construction du pneu. Mais on comprendra qu'il nous est impossible de garantir quoi que ce soit à ce double point de vue. Nous sommes donc obligés d'aviser notre clientèle que nous déclinons toute garantie ou responsabilité à raison des défauts ou vices pouvant exister dans nos articles, et des accidents de personnes ou de choses qui en résulteraient.

Nos marchandises sont toujours livrables et payables aux conditions portées sur nos tarifs et en tête de nos factures.

Nos tarifs ne constituent pas offre. Les commandes sont sujettes à acceptation de notre part.

Code Michelin

PNEUMATIQUES et ACCESSOIRES

POUR

VOITURES

VOITURETTES

MOTOCYCLETTES

& VÉLOCIPÈDES

Demander nos derniers Tarifs

PNEUS DE VOITURE RONDS AVEC CROISSANT

SECTION	DIA-MÈTRE	ENVELOPPE RONDE AVEC CROISSANT	CHAMBRE A AIR (1) AVEC VALVE LONGUE

PNEUS DE 65 ᵐ/ₘ.

Poids maximum supporté par essieu : 550 kilos.
Force maximum du moteur pour les roues motrices : 7 chevaux.

65 ᵐ/ₘ	mill.		
	650	Agricola.	*Arater.*
	700	Agrion.	*Arbiter.*
	750	Agrippa.	*Arbucula.*
	800	Ajax.	*Arcadia.*
	860	Alauda.	*Aréna.*
	900	Albania.	*Argémon.*
	950	Albicéra.	*Argentum.*
	1.060	Alésia.	*Ariditas.*
	1.100	Alga.	*Arilator.*
	1.150	Alibi.	*Arisba.*

Nous n'indiquons sur notre Guide que les dimensions les plus courantes; voir sur nos tarifs les dimensions non courantes.

PNEUS DE 90 ᵐ/ₘ.

Poids maximum supporté par essieu : 900 kilos.
Force maximum du moteur pour les roues motrices : 12 chevaux.

90 ᵐ/ₘ			
	710	Bemores.	*Bossux.*
	760	Benjami.	*Bostar.*
	810	Berbex.	*Bovinor.*
	840	Bérénice.	*Braca.*
	870	Bergusia.	*Bradanus.*
	910	Biber.	*Brennus.*
	1.010	Bicolor.	*Briganta.*
	1.070	Bicornis.	*Bromos.*

PNEUS DE 105 ᵐ/ₘ.

Poids maximum supporté par essieu : 1 000 kil.
Force maximum du moteur pour les roues motrices : 18 chevaux.

105 ᵐ/ₘ			
	765	Halter.	*Harudes.*
	815	Halitus.	*Helena.*
	875	Hamnistis.	*Helvetia.* —
	915	Harmonia.	*Hesperis.*

PNEUS DE 120 ᵐ/ₘ.

Poids maximum supporté par essieu : 1 200 kilos.
Force maxim. du moteur pour les roues motrices : au-dessus de 18 chev.

120 ᵐ/ₘ			
	820	Carmen.	*Cratera.*
	850	Carnifex.	*Cubital.*
	880	Carolina.	*Culacitis.*
	920	Catina.	*Culcita.*
	1.020	Caton.	*Cupidon.*

(1) Voir page 25, le renvoi correspondant.

Nota. — Nos jantes métalliques pour pneus de 90 ᵐ/ₘ et celles pour pneus de 105 ᵐ/ₘ s'adaptent sur la même roue bois. Si donc on désire substituer à des pneus de 90 ᵐ/ₘ des pneus de 105 ᵐ/ₘ, il n'est pas nécessaire de modifier la roue, et il suffit de remplacer la jante métallique.

PNEUS DE VOITURES PLATS SANS CROISSANT

SECTION	DIA-MÈTRE	ENVELOPPE PLATE SANS CROISSANT	CHAMBRE A AIR (1) AVEC VALVE LONGUE

PNEUS DE 85 $^m/_m$

Type voiturette extra-fort

Poids maximum supporté par essieu : 600 kilos.
Force maximum du moteur pour les roues motrices : 9 chevaux.

	mill.		
85 $^m/_m$	700	Puctus.	Pennor.
	750	Pudero.	Pensum.
	800	Pullax.	Pentas.
	860	Puveria.	Peplum.

PNEUS DE 90 $^m/_m$ (voiture)

Poids maximum supporté par essieu : 900 kilos.
Force maximum du moteur pour les roues motrices : 12 chevaux

	710	Vergo.	Bossux.
90 $^m/_m$	760	Venetia.	Bostar.
	810	Venula.	Bovinor.
	870	Venus.	Bradanus.
	910	Verdanus.	Brennus.

PNEUS DE 105 $^m/_m$ (voiture)

Poids maximum supporté par essieu : 1.000 kilos.
Force maximum du moteur pour les roues motrices : 18 chevaux.

	765	Vilis.	Harudes.
105 $^m/_m$	815	Vibramen.	Helena.
	875	Vicinius.	Helvetia.
	915	Victor.	Hesperis.

PNEUS DE 120 $^m/_m$ (voiture)

Poids maximum supporté par essieu : 1.200 kilos.
Force maxim. du moteur pour les roues motrices: au-dessus
de 18 chevaux.

	820	Volantes.	Cratera.
120 $^m/_m$	850	Volema.	Cubital.
	880	Vulsus.	Culacitis.
	920	Vulvula.	Culcita.
	1.020	Vulvero.	Cupidon.

PNEUS DE 135 $^m/_m$ (voiture)

Poids maximum supporté par essieu : 1.400 kilos.

	895	Feberus.	Febores.
135 $^m/_m$	935	Februa.	Febresco.

Les pneus de 135 $^m/_m$ ne se font qu'au profil plat sans croissant.

(1) Voir page 25, le renvoi correspondant.

PNEUS DE VOITURETTES DE 65 ET 75 ᵐ/ₘ

DIAMÈTRE	ENVELOPPE	LA CHAMBRE A AIR	
	NOM	VALVE courte (1) Nom	VALVE longue (1) Nom

PNEUS DE 65 ᵐ/ₘ

1• Type voiturette léger (moulé sans croissant).

Poids maximum supporté par essieu : 200 kilos.
Pour roues avant seulement.

mill.			
650	Imago.	Ino.	Irad.
700	Imitamen.	Inoris.	Iricolor.
750	Imitor.	Insectum.	Iris.
800	Impar.	Inserpo.	Ironia.

2• Type voiturette renforcé (moulé sans croissant).

Poids maximum supporté par essieu : 340 kilos.
Pour roues avant seulement.

650	Juratus.	Ino.	Irad.
700	Justina.	Inoris.	Iricolor.
750	Juturna.	Insectum.	Iris.
800	Juvamen.	Inserpo.	Ironia.

Si on désire des pneus de 65 ᵐ/ₘ encore plus résistants, prendre le type voiture qui se monte sur les jantes de même profil.

PNEUS DE 75 ᵐ/ₘ

1• Type voiturette léger (moulé sans croissant).

Poids maximum supporté par essieu : 240 kilos.
Pour roues avant seulement.

700	Lacrimor.	Lamentor.	Languria.
750	Lactaris.	Lampada.	Lanista.
800	Lagunum.	Lana.	Lanterna.

2• Type voiturette renforcé (moulé sans croissant).

Poids maximum supporté par essieu : 340 kilos.
Force maximum du moteur pour les roues motrices : 4 chevaux.

700	Laurifer.	Lamentor	Languria.
750	Laurus.	Lampada.	Lanista.
800	Lavator.	Lana.	Lanterna.
850	Lébuni.	Lancia.	Lapicida.

3• Type voiturette extra-fort (avec croissant rapporté).

Poids maximum supporté par essieu : 440 kilos.
Force maximum du moteur pour les roues motrices : 6 chevaux.

700	Lilium.	Lamentor.	Languria.
750	Limax.	Lampada.	Lanista.
800	Limici.	Lana.	Lanterna.
850	Limonia.	Lancia.	Lapicida.

(1) Voir page 25, les renvois correspondants.

PNEUS DE VOITURETTES DE 85 ᵐ/ᵐ

DIAMÈTRE	ENVELOPPE	CHAMBRE A AIR (1) AVEC VALVE LONGUE

PNEUS DE 85 ᵐ/ᵐ

1• Type voiturette léger *(moulé sans croissant)*

Poids maximum supporté par essieu : 280 kilos.
Pour roues avant seulement.

mill.		
700	Palam.	Pennor.
750	Palanto.	Pensum.
800	Palatum.	Pentas.

2• Type voiturette renforcé *(moulé sans croissant)*

Poids maximum supporté par essieu : 440 kilos.
Force maximum du moteur pour les roues motrices : 5 chevaux.

700	Paradisus	Pennor.
750	Paralus.	Pensum.
800	Parasita	Pentas.

3• Type voiturette renforcé *(avec croissant rapporté)*

Poids maximum supporté par essieu : 440 kilos.
Force maximum du moteur pour les roues motrices : 5 chevaux.

700	Paratio.	Pennor.
750	Pava.	Pensum.
800	Pavidus.	Pentas.

4• Type voiturette extra-fort *(avec croissant, rapporté)*

Poids maximum supporté par essieu : 600 kilos.
Force maximum du moteur pour les roues motrices : 9 chevaux.

700	Pax.	Pennor.
750	Peccatus.	Pensum.
800	Pectina.	Pentas.
860	Pecus.	Peplum.

Ces quatre types comportent la jante large, spéciale au pneu de 90 ᵐ/ᵐ voiture. Les pneus de 700, 750, 800 et 560 × 85 peuvent se monter respectivement sur les jantes de 710, 760, 810, 870, type 90 ᵐ/ᵐ voiture. Si on désire monter sur ces jantes des pneus plus résistants encore, on peut prendre le type correspondant du 90 voiture. Mais nos pneus de 85 ne doivent, en aucun cas, être adaptés aux jantes étroites pour pneus de 65 et de 75 ᵐ/ᵐ.

(1) Les chambres à air sont livrées d'office avec valve LONGUE, c'est-à-dire pour être employées sur des roues avec jantes bois.

Sur demande, nous pouvons livrer et au même prix des chambres à air avec valve COURTE pour roues à montage à douilles ou à rayons métalliques.

N. B. — Les pneus ci-dessus ne comportent pas le ruban protecteur, qui est employé uniquement avec les pneus voiture de 65 ᵐ/ᵐ et les pneus de voiturette de 65 et 75 ᵐ/ᵐ.

2

ENVELOPPES SEMELLE ANTIDÉRAPANTE

SECTION	DIAMÈTRE	L'ENVELOPPE
		NOM

Les dimensions indiquées en petits caractères dans ce code
sont celles non courantes.

Nous les avons généralement en magasin, mais nous ne pouvons
pas cependant en assurer toujours la livraison immédiate.

Nos dépôts, *même celui de Paris*, n'en sont pas approvisionnés.

VOITURE

ENVELOPPES DE 90 m/m

Poids maximum supporté par essieu: 900 kilos.

Force maximum du moteur pour les roues motrices : 12 chevaux.

90 m/m		
710	Bemores	Semelle
760	Benjami	Semelle
810	Berbex	Semelle
840	Bérénice	Semelle
870	Bergusia	Semelle
910	Biber	Semelle
960	Bibulus	Semelle
1.010	Bicolor	Semelle
1.070	Bicornis	Semelle
1.110	Bidella	Semelle

ENVELOPPES DE 105 m/m

Poids maximum supporté par essieu : 1000 kilos.

Force maximum du moteur pour les roues motrices : 18 chevaux.

105 m/m		
765	Halter	Semelle
815	Halitus	Semelle
875	Hamnistis	Semelle
915	Harmonia	Semelle

ENVELOPPES DE 120 m/m

Poids maximum supporté par essieu : 1200 kilos.

Force max. du moteur pour les roues motrices : au-dessus de 18 chev.

120 m/m		
820	Carmen	Semelle
850	Carnifex	Semelle
880	Carolina	Semelle
920	Catina	Semelle
1.020	Caton	Semelle
1.080	Centuria	Semelle

ENVELOPPES SEMELLE ANTIDÉRAPANTE

SECTION	DIAMÈTRE	L'ENVELOPPE
		NOM

Les dimensions indiquées en petits caractères dans ce code sont celles non courantes.

Nous les avons généralement en magasin, mais nous ne pouvons pas cependant en assurer toujours la livraison immédiate.

Nos dépôts, *même celui de Paris*, n'en sont pas approvisionnés.

VOITURE

ENVELOPPES DE 135 m/m

Poids maximum supporté par essieu : 1400 kilos.

135 m/m	895	Feberus	Semelle
	935	Februa	Semelle

VOITURETTE

ENVELOPPES DE 65 m/m

Poids maximum supporté par essieu : 340 kilos.

65 m/m	650	Agricola	Semelle
	700	Agrion	Semelle
	750	Agrippa	Semelle
	800	Ajax	Semelle

ENVELOPPES DE 75 m/m

Poids maximum supporté par essieu : 440 kilos.
Force maximum du moteur pour les roues motrices : 6 chevaux.

75 m/m	700	Lilium	Semelle
	750	Limax	Semelle
	800	Limici	Semelle
	850	Limonia	Semelle

ENVELOPPES DE 85 m/m

Nos pneus de 85 m/m comportant la même jante que ceux de 90 m/m, nous ne livrerons en conséquence que ce dernier type :

85 m/m	Le 700 × 85 correspondant au. . .	710 × 90
	Le 750 × 85 correspondant au. . .	760 × 90
	Le 800 × 85 correspondant au. . .	810 × 90
	Le 860 × 85 correspondant au. . .	870 × 90

PIÈCES DÉTACHÉES DE VALVES

N°°	DÉSIGNATION DES PIÈCES
1	Pièce centrale B . . . .
2	Ecrou C . . . .
3	Chapeau ou bouchon de valve D. . . . .
4	Grand écrou H . . . .
5	Ecrou 6 pans I . . . .
6	Plaque J . . . .
7	Rondelle métallique M . . . .
8	— 'caoutchouc N . . . .
9	Capuchon de valve S . . . .
10	— — à serrage instantané . . . .
11	Bague en cuir T . . . .
12	Obus O (1). . . . .
13	Rondelle caoutchouc G (se place sur la pièce B) (1) . . . . .
14	— — — — (La douzaine).
15	Disque caoutchouc F (se place au fond du chapeau D) (1). . .
16	— — — — (La douzaine).

COUPE DE LA VALVE VOITURE

Mod. 1903.

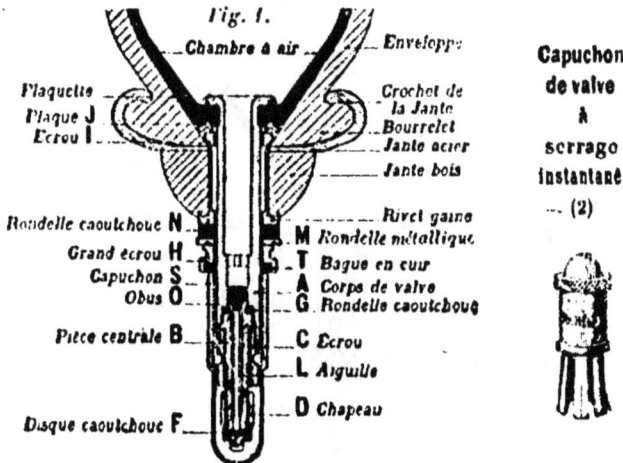

Fig. 1.

Chambre à air — Enveloppe
Plaquette — Crochet de la Jante
Plaque J — Bourrelet
Ecrou I — Jante acier
— Jante bois
Rondelle caoutchouc N — Rivet gaine
Grand écrou H — M Rondelle métallique
Capuchon S — T Bague en cuir
Obus O — A Corps de valve
— G Rondelle caoutchouc
Pièce centrale B — C Ecrou
— L Aiguille
Disque caoutchouc F — D Chapeau

Capuchon
de valve
à
serrage
instantané
.. (2)

(1) Voir aux accessoires (p. 34) la pochette contenant 2 rondelles G, 2 disques F, 1 obus O.
(2) L'emploi du capuchon de valve à serrage instantané supprime la nécessité de l'écrou I.

Nota. — Nous ne livrons pas de valves complètes, leur pose sur chambres à air ne pouvant être faite que dans les usines spécialement outillées.

VOITURE ET VOITURETTE

VOITURE (fig. 1) et VOITURETTE de 85 m/m (Modèle 1903)		VOITURETTE (fig. 2) de 65, 75 m/m et MOTO (Modèle 1898)	
Nos	NOM	Nos	NOM
1	Facimo.	1	Mensura.
2	Factibus.	2	Mentor.
3	Factor.	3	Mercalis
4	Facultas.	4	Méritum
5	Faginor.	5	Mérope.
6	Fagutal.	6	Midias.
7	Falanga.		
8	Falcifer.		
9	Faléria.		
10	Falsum.		
11	Famiger		
12	Faminulis.	12	Migrator.
13	Familiaris.	13	Milo.
14	Famulatum.	14	Milvago.
15	Fantasma.	15	Minerva.
16	Fanum.	16	Minor.

COUPE DE LA VALVE " TERMINUS "

Mod. 1898.

Fig. 2.

Chambre à air
Enveloppe
Crochet de la Jante
Plaque J
Bourrelet
Ecrou I
Jante acier
Ruban
H Grand écrou
A Corps de valve
Obus O
G Rondelle caoutchouc
Pièce centrale B
C Ecrou
L Aiguille
Disque caoutchouc F
D Chapeau
Tige E

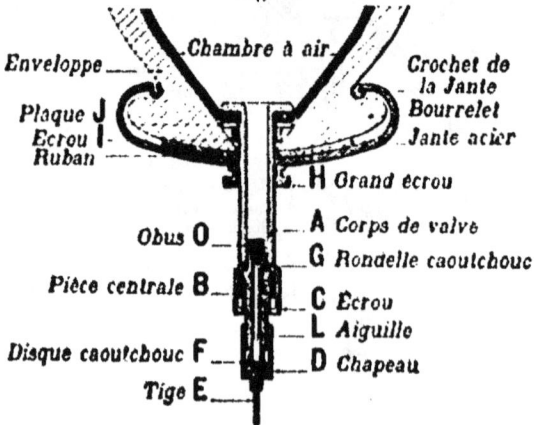

Nota. — Nous ne livrons pas de valves complètes, leur pose sur chambres à air ne pouvant être faite que dans les usines spécialement outillées.

BOULONS DE SÉCURITÉ

Un pneu doit être monté avec, au minimum :
3 boulons de sécurité si le diamètre est inférieur à 710 m/m.
4 — — — est entre 710 et 910 m/m.
5 — — — est supérieur à 910 m/m.
Exceptionnellement, le 700/85 se monte avec 4 boulons.

Boulon de sécurité

Rondelle caoutchouc U
V Rondelle métallique
P Tige du boulon
Q Écrou

N°	
1	Boulon de sécurité complet à oreilles, long (*avec jante bois*) (Fig. ci-contre) . .
	Le même avec écrou à serrage instantané. .
2	Boulon de sécurité complet à oreilles, court (*sans jante bois*). . . . . . .
	Le même avec écrou à serrage instantané..
3	Rondelle, métallique V . . . .
4	— caoutchouc U . . . .
5	Tige de boulon P, longue . . . .
6	— — courte . . . .
7	Écrou à oreilles Q . . . .
8	— — à serrage instantané.

(*Voir page 31*).

POMPES, CRICS

OBJETS	VOITURE	VOITURETTE
	NOM	NOM
POMPE à manomètre avec son tuyau souple muni de 2 raccords. . .	*Farcimum*	Minutal
Support spécial en 2 pièces pour pompe (*ce support se visse à un des panneaux de la voiture*) (*V. fig. ci-dessous*).	*Fersitum*	Fanaticus
Étui-cuir pour pompe.	*Farinula*	Miratrix
Raccord tournant (*côté valve*) . . .	*Farsilis*	Moab
Raccord tournant (*côté pompe*).	*Fartura*	Modéror
(Indiquer si ce raccord doit être fixé sur un tuyau *en caoutchouc*, ou *en coton tressé et caoutchouc*).		
Raccord 95-98 (1).		Tapulla
Tuyau de pompe, caoutchouc et coton tressé. . . . . . le mètre.	*Fataliter*	
Tuyau de pompe avec raccords. . .	*Fatimer*	Mitella
Tuyau de pompe caoutchouc avec raccord (*côté valve*) à serrage instantané	*Fatum*	

(1) Ce raccord permet de gonfler un pneu muni de la valve voiturette avec une pompe voiture. — Nos pompes voiturette sont d'ailleurs livrées avec ce raccord.

EXIGEZ
les pompes à Manomètres Michelin et Cie
Pour Voitures et Voiturettes

POMPE
A MANOMÈTRE
et son support spécial

ET ÉLÉMENTS

N°ˢ	VOITURE de 135 ᵐ/ₘ	VOITURE de 120 ᵐ/ₘ et de 105 ᵐ/ₘ	VOITURE de 90 ᵐ/ₘ VOITURETTE de 85 ᵐ/ₘ	VOITURE de 65ᵐ/ₘ VOITURETTE de 65 et 75 ᵐ/ₘ Jante étroite	Écrou du boulon de sécurité à serrage instantané
1	Febricula	Donatrix	Diana	Dalila	
	Falasco	Domito	Diavolo		
2		Donax	Dictator	Damoclès	
		Dordonia	Digesta		
3	Febricosus	Dromos	Dromos	Darius	
4	Febricito	Dropax	Dropax	David	
5	Februlis	Ducator	Discordia	Deforis	
6		Ductim	Dispar	Densitas	
7	Febramen	Dulcifer	Dulcifer	Dentex	
8	Fecundo	Dulcor	Dulcor		

ET LEURS ÉLÉMENTS

OBJETS	VOITURE NOM	VOITURETTE NOM
Poignée de pompe en métal pouvant servir de levier de démontage. .	Faunalia	Modifico
Cuir de piston.	Favor	Molitor
Manomètre complet de rechange à vis.	Faxim	Mortifer
Manomètre complet de rechange à brides	Felix	
Verre de manomètre à vis	Fenestra	Mores
— — à brides. . .	Fera	
Contrôleur de pression Michelin et Cⁱᵉ, Breveté S. G. D. G. . . . . (Voir page 39.)	Fotores	
CRICS spéciaux pour soulever une roue et permettre le démontage du pneu (avec tourne à gauche).		
Petit modèle, poids 2 k.50 force 250 k.		Feraliter
Moyen — — 6 k. — 700 k.	Feralis	Feralis
Grand — — 7 k. — 1 500 k.	Ferculum	
Tourne à gauche pour ces crics. .	Feronia	Feronia

ACCESSOIRES POUR LA RÉPARATION

DES ENVELOPPES	VOITURES	VOITURETTES
	NOM	NOM
NÉCESSAIRES *complets de démontage et de réparations :*		
1° **Pour pneus de 105, 120 et 135 ᵐ/ᵐ** *(voiture)*........	*Flusoris*	
2° **Pour pneus de 90 et 65 ᵐ/ᵐ** *(voiture)* et 85ᵐ/ᵐ *(voiturette)*.	*Flumen*	Flumen
3° **Pour pneus de 75 et 65 ᵐ/ᵐ** *(voiturette)*..............	... .	Nebula
N. B. Nous n'indiquons pas le contenu de nos nécessaires, la création d'accessoires nouveaux pouvant nous amener à le compléter ou à le perfectionner.		
TROUSSES DE TOURISTE		
Pour pneus de 85 à 90. N° 1....................	*Floridus*	Floridus
Pour pneus de 105 à 120. N° 2....................	*Floridor*	
LEVIERS DE DÉMONTAGE :		
Grand levier dit d'atelier, *pour pneus de 120 et 135 ᵐ/ᵐ (voiture)*.........	*Focillo*	
Grand modèle *pour* {à crans. pneus de 105, 120 {à crochet. *et 135 ᵐ/ᵐ.*	*Fluxurus* *Fodina*	
LEVIERS-FOURCHE *pour placer et enlever les boutons et la chambre à air.* Pour pneus de 85, 90, 105 et 120 ᵐ/ᵐ..................	*Formica*	
Pour pneus de 120 à 135....	*Formosa*	
LEVIERS A BASCULE :		
Pour pneus de 85 à 90	*Forago*	Forago
— 105	*Fori*	
— 120	*Fortifico*	
— 135	*Forceps*	
LEVIER A BÉQUILLE........	*Frons*	Frons
FAUSSE VALVE en bois *pour empêcher l'enveloppe de tourner pendant la pose du premier bourrelet*......	*Fluvio*	Fluvio
CHEMISES IMPERMÉABLES *en toile avec lacet pour recouvrir les enveloppes de rechange.*		
Pour enveloppe de 85 et 90 ᵐ/ᵐ *(voiture)*..........	*Flexibilis*	Flexibilis
P. enveloppe de 105 et 120ᵐ/ᵐ.	*Flexus*	
Pour enveloppe de 135	*Flexibilium*	
Le lacet seul.	*Foconus*	Foconus

ACCESSOIRES POUR LA RÉPARATION (Suite)

DES ENVELOPPES	VOITURE NOM	VOITURETTE NOM
MASTIC MICHELIN, *pour réparer les coupures des enveloppes.*		
La boîte de 30 gr..........	*Focalis*	Focalis
— 60 gr..........	*Focatum*	Focatum
Ce produit peut être employé également pour obturer les crevaisons des chambres à air pour lesquelles le « Lardon » est insuffisant, c'est-à-dire quand les crevaisons ne peuvent être obturées par le « **Lardon** » du plus gros diamètre.		
EMPLATRES caoutchouc et toile *(p. appliquer à l'intérieur d'une enveloppe crevée).* Pour pneus de :		
65, 75, 85 ou 90 m/m .180 × 140	*Fontiger*	Fontiger
65 m/m......110 × 140	*Forfex*	Forfex
75, 85 ou 90 m/m...180 × 180	*Formalis*	Formalis
105 m/m..........210 × 210	*Fornotum*	
120 m/m..........250 × 250	*Fragmen*	
MANCHONS-GUÊTRES en toile et caoutchouc *pour maintenir une réparation faite à la hâte (y compris le lacet « Furialis ou Furitus »).* (*Voir p. 57.*)		
Voitures : pour le 65 m/m sans jante bois.	*Frigidum*	
— 65 — avec — }	*Frontalia*	
— 90 — sans — }		
— 90 — avec —	*Fulgural*	
— 105 — — —	*Frugalis*	
— 120 — — —	*Furcifer*	
Voiturettes : pour le 75 m/m..........	....	Nicasia
— 85 —	....	Niger
Lacet en fil d'acier *pour le fixage de la guêtre*.......	*Furialis*	Furialis
Lacet en septain *pour le fixage de la guêtre*..............	*Furitus*	Furitus
Garniture en caoutchouc, à placer entre l'enveloppe et la guêtre (indispensable si la coupure est à l'accrochage).		
Type unique....... la pièce	*Futatim*	Nilotis
— ..... la paire	*Futo*	Nilus
TOILES GOMMÉES :		
Grosse { un rouleau........	*Fresilia*	
{ le mètre..........	*Fricator*	
Fine { un rouleau...... ..	....	Francisca
{ le mètre..........	....	Frendor
Protecteur p{ pr pneus de 65 m/m	*Norbanus*	Norbanus
coller à l'intérieur de { — 75 —	....	Norim
l'enveloppe.{ — 85 et 90 —	*Normula*	Normula

ACCESSOIRES POUR LA RÉPARATION (*Suite*)

DES CHAMBRES A AIR	VOITURE NOM	VOITURETTE NOM
LARDON MICHELIN. Réparation instantanée des crevaisons des chambres à air. *Le sachet* contenant des fils de différentes grosseurs et un outil spécial........ (*Voir notice à l'intérieur de chaque sachet.*) Quand les crevaisons ne peuvent être obturées par le *Lardon* du plus gros diam., employer le Mastic Michelin.	*Lardonus*	Lardonus
BOITE CUIVRE GARNIE, *contenant les pièces nécessaires à la réparation des chambres à air*	*Festuca*	Nabalia
N. B. — Nous n'indiquons pas le contenu de ces boîtes, la création d'accessoires nouveaux pouvant nous amener à le compléter ou à le perfectionner.		
POCHETTES POUR VALVE, *contenant :* 2 rondelles G, 2 disques F et 1 obus O		
Pochette verte 1903	*Festorum*	Festorum
— rouge 1898	....	Nablito
— jaune 1895	*Fetura*	Fetura
DISSOLUTION *en boîte fer-blanc*		
A prise rapide. 100 gr.....	*Ficus*	Ficus
250 gr.....	*Ficaria*	Ficaria
500 gr.....	*Ficosus*	Ficosus
1 kilogr....	*Fidamen*	Fidamen
Ordinaire ...... 100 gr.....	*Nardex*	Nardex
250 gr.....	*Nardifer*	Nardifer
500 gr.....	*Naris*	Naris
1 kilogr....	*Nasamon*	Nasamon
petit.......	....	Nasica
la douzaine.	....	Nasum
En tubes....... moyen.....	*Narator*	Narator
la douzaine.	*Navulum*	Navulum
grand.....	*Fidelia*	Fidelia
la douzaine.	*Figuro*	Figuro
PLAQUETTE DE VALVE : Pour pneus de voiture de 135 $^{m}/_{m}$	*Firillus*	
— 65, 90, 105, 120 —	*Finitor*	Finitor
voiturette 85 —		
voiturette 65, 75 —	....	Natal
PASTILLES BISEAUTÉES : De 150 × 50 $^{m}/_{m}$. la pièce.	*Fidenter*	Fidenter
— 180 × 80 — . —	*Fidora*	Fidora
— 250 × 50 — . —	*Figurator*	Figurator
— 140 × 110 — . —	*Filatim*	Filatim
— 160 × 100 — . —	*Filicina*	Filicina
Petites pastilles carrées, 40, 50, 60 et 70 $^{m}/_{m}$, la douz. assortie..................	*Fidelitas*	Fidelitas

ACCESSOIRES POUR LA RÉPARATION (*Suite*)

DES CHAMBRES A AIR	VOITURE NOM	VOITURETTE NOM
TALC : En étui métallique....	*Naviger*	Naviger
Dans un sac en toile (1 kil.).	*Flaminia*	Flaminia
SACS (1) en toile caoutchoutée (*talqués à l'intérieur pour conserver les chambres à air*).		
Grand modèle *pour chambre à air de 105, 120 et 135....*	*Fertini*	
Moyen modèle *pour chambre à air de 85 et 90 ....*	*Musca*	Musca
Petit modèle *pour chambre à air de 65 et 75 ....*	*Muralis*	Muralis
BOITES EN CARTON (1) (*spéciales pour conserver les chambres à air*).........	*Fervidus*	Fervidus
MANCHONS *de chambre à air* **biseautés** *aux deux bouts* (2)	Vᵉ *nota* (2)	
Pour pneus **de 65** m/m { 200 m/m de long.	*Flasca*	Navatus
250 — —	*Flatillis*	Navigium
300 — —	*Flatura*	Navigo
350 — —	*Flaviani*	Navisal
400 — —	*Flomos*	Navitas
450 — —	*Floralis*	Navos
500 — —	*Florenter*	Naxiaca
Pour pneus **de 75** m/m. { 250 — —	....	Naxium
300 — —	....	Nazara
350 — —	....	Neapolis
400 — —	....	Nebo
450 — —	....	Nebridus
500 — —	....	Nebris
BOIS pour souder les manchons (3)................	*Fluctum*	Fluctum
Le même, avec deux manchons de 250 m/m mis en place pour faire comprendre le fonctionnement.	*Floriger*	Floriger
BOIS pour coller les pastilles :		
Le bois seul de 65 m/m....	*Femina*	Femina
— — 75,85,90 m/m.	*Foculus*	Foculus
— — 105 et 120 m/m.	*Folico*	

(1) En nous commandant un sac ou une boite, prière de nous indiquer la dimension des chambres, cet article se faisant de différentes grandeurs. Exemple : *Fervidus* pour *Briganta* (chambre à air 1.010×90 valve longue).

(2) Les voitures munies de pneumatiques de 85, 90, 105, 120 et 135 m/m étant généralement lourdes et allant à grandes vitesses, les manchons collés par les procédés ordinaires ne tiennent pas : ils doivent être collés à notre usine. Nous ne livrons donc pas de manchons pour chambres à air de 85, 90, 105, 120 ou 135 m/m.
Si on désire des manchons d'une longueur supérieure à 500 m/m, prière de nous l'indiquer, le prix est établi suivant la longueur.

(3) En commandant, prière de spécifier si ces bois sont destinés à des manchons de 65 m/m ou de 75 m/m.

PNEUMATIQUES POUR MOTOCYCLETTES

DIAMÈTRE	GROSSEUR	L'ENVELOPPE NOM	CH/ INTERR/ VALVÉE NOM	CH/CONTINUE VALVÉE NOM

PNEU MOTOCYCLETTE, TANDEM ROUTIER
à Talons, à profil antidérapant

700	40	Uber.	Silesias.	Sivarès.
700	40 H (1)	Ubigo.	Silesias.	Sivarès.
650	45	Ubertalis.	Siliquor.	Socialis.
700		Ubinam.	Silonia.	Societas.
650	50	Magnalia.	Revexi	Roresco.
700		Magus.	Revictus	Rorifer.
650	55	Umbra.	Rucobas.	Regina.
700		Umbrifer.	Rucocto.	Regulus.
650	60	Udamen.	Ucartès.	Ucalio.
650	65	Mariata.	Maso.	Inomans.

(1) Nous rappelons que l'enveloppe de 700 × 40 H doit se monter sur la jante de 45.

PNEU MOTOCYCLETTE, TANDEM ROUTIER
" TRIOMPHE ", Vulcanisé antidérapant

700	38 B		Sivarès.
700	40 C	Les chambres à air	Sivarès.
650	45	pour pneus	Socialis.
700		Triomphe Michelin	Societas.
650	50	Motocyclette	Roresco.
700			Rorifer.
650	55	sont	Regina.
650	60	toujours continues.	Ucalio.
650	65		Inomans.

ENVELOPPES POUR MOTOCYCLETTES

A TALONS			A TRINGLES		
Section	Diamètre	Nom	Section	Diamètre	Nom

1° TYPE EXTRA-FORT AVEC CROISSANT

Section	Diamètre	Nom	Section	Diamètre	Nom
55	650	Unafex	55	650	Upador
60	650	Unant	62	650	Upagonia
65	650	Unali	65	650	Upalora
	700	Unapal			

2° ENVELOPPES A SEMELLE
souples, antidérapantes et imperforables

Section	Diamètre	Nom	Section	Diamètre	Nom
50	650	Unicoles	50	650	Uralo
55	650	Unisor	55	650	Uram
60	650	Unista	62	650	Uramio
	650	Unites		650	Uramosis
65	700	Univer	65	700	Uranus

Les chambres « **continues** » se montent avec les enveloppes à tringles ou à talons. Les « **interrompues** » se montent seulement avec les enveloppes à talons.

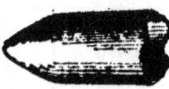

Embouts à emboîtement (mâle et femelle) pour chambre interrompue, pour pneus à talons seulement.

Avoir soin de bien enfoncer à fond l'embout mâle.

PNEUMATIQUES POUR VÉLOCIPÈDES

DEMANDER NOTRE TARIF SPÉCIAL POUR PNEUMATIQUES DE VÉLOS

PRINCIPAUX ARTICLES DE NOTRE FABRICATION

ENVELOPPES A TALONS

GROSSEURS	DIAMÈTRES
34	650-700
40	650-700-750
40.H	700-jante de 45
45	650-700

GROSSEURS	DIAMÈTRES	
40	250-300-350 400-450-500-550	Demandez le Tarif

Nos enveloppes à talons sont faites vulcanisées avec profil antidérapant, toile fils biais et toile croisé; elles se montent sur nos jantes acier, bois et acier et bois et aluminium.

ENVELOPPES TRIOMPHE MICHELIN

SYSTÈME A TRINGLES SOUPLES NOYÉES
VULCANISÉES A PROFIL ANTIDÉRAPANT

Dimensions courantes, correspondantes aux jantes Triomphe (genre Westwood),

GROSSEURS	DIAMÈTRES
25	700
28	700
32	700
35	650-700
38	650-700
42	650-700-750

Autres que ces dimensions courantes, nous faisons toutes les grandeurs d'enveloppes à tringles, mais avec chape unie et collée. Un modèle nous est indispensable.

CHAMBRES A AIR
CONTINUES ET INTERROMPUES

ROUGES		GRISES	
GROSSEURS	DIAMÈTRES	GROSSEURS	DIAMÈTRES
28	700-750 (¹)	28	700-750 (¹)
32-34-35	650-700-750	32-34-35	650-700-750
38-40	650-700-750	38-40	650-700-750
42-45	650-700-750	42-45	650-700-750

(1) Ne se fait pas en interrompue.

POCHETTES POUR VALVES

Contenant :

2 **Rondelles** en caoutchouc G,

2 **Disques** F pour valve 1895 ou 1898,

1 **Obus** O gros ou petit.

Nous attirons l'attention de nos Clients
sur 2 *pochettes distinctes* :

LA ROUGE	LA JAUNE
qui contient les pièces nécessaires à la réparation de la *valve 1898*, dite " TERMINUS ".	qui contient les pièces nécessaires à la réparation de la *valve 1895*.

ROUGE

Envoyez à
MICHELIN & Cie
CLERMONT-FD
2 timbres de 0.15
et demandez une
POCHETTE ROUGE
Vous recevrez fo
une pochette semblable
pour
VALVE TERMINUS
Modèle 1898

Envoyez à MICHELIN & Cie
CLERMONT-FERRAND
2 timbres de 0 fr. 15
Vous recevrez franco une
trousse semblable
POUR VALVE 1895

JAUNE

Petit nécessaire de poche; il comprend les articles dessinés au croquis ci-contre :

Un petit tube de dissolution;
Un rouleau toile gommée pour réparer l'enveloppe;
Un rouleau de feuille caoutchouc et des pastilles pour réparer la chambre à air.

Spécifier si on veut caoutchouc gris ou rouge.

Rouleau toile gommée pour réparation.
— gomme 40 gr. rouge ou noire.

Pastilles vélo { la boîte de 100 à 150.
{ la douzaine.

Emplâtres vélo.

Rondelle porte-bagages très pratique pour fixer instantanément un paquet sur le guidon.

PETIT MODÈLE, diamètre extérieur. 55 m/m.
GRAND MODÈLE, — — 70 m/m.

POMPES VÉLO ET MOTOCYCLETTE

Grande pompe de cadre, longueur 320 + 26.
Petite pompe de sacoche.
Tube-raccords avec ses deux raccords pour petite pompe sacoche.
Cuirs emboutis pour pompe vélo.
Crochets de pompe caoutchouté.

CONTROLEUR DE PRESSION

Michelin et Cᵉ

Breveté S. G. D. G.

NOUVEAUTÉ — NOUVEAUTÉ

MODE D'EMPLOI

Amener la bague moletée à sa position inférieure. Cette opération permet aux branches de l'appareil de s'écarter. Faire pénétrer ensuite à fond la valve, préalablement débarrassée de son capuchon et de son bouchon, entre les branches du contrôleur. En maintenant l'appareil ainsi placé, faire glisser la bague jusqu'à sa position supérieure; ce mouvement oblige les branches à se fermer et à venir emprisonner le corps de la valve en formant écrou. Tournez alors la bague de gauche à droite pour serrer le contrôleur sur la valve. Avoir soin de maintenir pendant cette opération le manomètre tourné vers soi. Presser enfin sur le bouton de la tige et lire sur le manomètre la pression contenue dans le pneu.

Pour enlever l'appareil, dévisser la bague d'un demi-tour, puis la tirer à sa position inférieure, ce mouvement permet aux griffes de s'écarter et d'abandonner la valve,

PATINS DE FREIN
" THE SILENT "

ÉLASTIQUES ET SILENCIEUX

EN TEXTILE ET CAOUTCHOUC

POUR VOITURES A CHEVAUX DE LUXE ET DE FATIGUE

Fabriqués par MICHELIN ET C⁰

Le " **The Silent** " est composé de caoutchouc pur et de fortes toiles. Cet ensemble, cuit sous une forte pression, forme un bloc compact, indissoluble et inséparable.

PRINCIPAUX AVANTAGES

1° **Silence :** Quel que soit l'effort exercé sur la mécanique, quelle que soit la vitesse, quel que soit le frottement produit sur la roue, *on n'entend absolument aucun bruit.*

2° **Puissance :** Elle est due à l'adhérence considérable du caoutchouc ; *elle permet de descendre à pleine allure les plus fortes côtes.*

3° **Sécurité :** L'arrêt peut être presque instantané ; il l'est avec le frein à pédale.

4° **Douceur :** Les chocs, causes d'usure des roues et de dislocation des organes de la voiture, causes de fatigue pour les voyageurs, *sont supprimés, grâce à l'élasticité du caoutchouc.*

5° **Durée :** Composé du caoutchouc le meilleur et de fortes toiles, le " The Silent " *a une durée triple de celle de la fonte.*

3 MODES DE MONTAGE . . . $\begin{cases} \text{à vis.} \\ \text{à boulons.} \\ \text{à coulisse.} \end{cases}$

SE TROUVE CHEZ TOUS LES BONS CARROSSIERS

SUR DEMANDE NOUS ENVOYONS LA NOTICE DÉTAILLÉE

AVIS IMPORTANT

Nos patins ne doivent être employés qu'avec des jantes métalliques, et en aucun cas ne doivent être appliqués sur des roues munies de pneumatiques.

INSTRUCTION SUR L'EMPLOI

(Montage, Démontage et Réparations)

DES

PNEUS MICHELIN

POUR AUTOMOBILES

QUELQUES CONSEILS

Ne roulez pas avec des pneus dégonflés.

N'employez pas de freins à patins frottant directement sur le pneu.

Ne modifiez pas nos pneus par l'emploi de croissants ou de protecteurs plus ou moins increvables.

Ne laissez pas l'eau s'introduire dans vos pneus.

Vernissez avec soin l'intérieur des jantes acier avec du vernis noir de carrossier.

Vérifiez bien si les rivets qui fixent la jante métallique sur la jante en bois ne font pas saillie à l'intérieur de la jante.

CONSEILS SUR LE GONFLAGE

(Ceci est capital)

Si la voiture doit rester quelques mois au repos, dégonfler les pneus après avoir calé la voiture sous les essieux.

L'air comprimé étant l'âme du pneu, il est essentiel de s'occuper du bon gonflage des pneus. Un pneu trop gonflé cesse d'être confortable et fait bondir la voiture d'une façon désagréable, surtout sur le pavé.

Mais, d'autre part, un pneu insuffisamment gonflé s'abîme extrêmement vite. En effet, si la paroi de caoutchouc et de toile, qui constitue l'enveloppe du pneu, n'est pas abîmée par les cailloux de la route, cela tient à ce que cette paroi s'appuie sur un coussin d'air qui l'empêche d'être cisaillée entre le sol et la jante de la roue. Si ce coussin d'air est insuffisant, le choc et, par suite, le cisaillement ont lieu.

Le pneu doit toujours être gonflé suffisamment dur pour que jamais, même au passage d'un caniveau, la rencontre d'un obstacle ne vienne faire toucher la jante.

La pression d'air dans le pneu doit être en rapport avec le poids qu'il a à supporter. C'est pourquoi nous recommandons vivement à nos clients de peser avec soin leurs voitures et de se conformer pour le gonflage aux indications contenues dans le tableau *page 43*.

Vérifiez souvent la pression de vos pneus.

COUPE

DU

PNEU DE VOITURE

sur la Valve

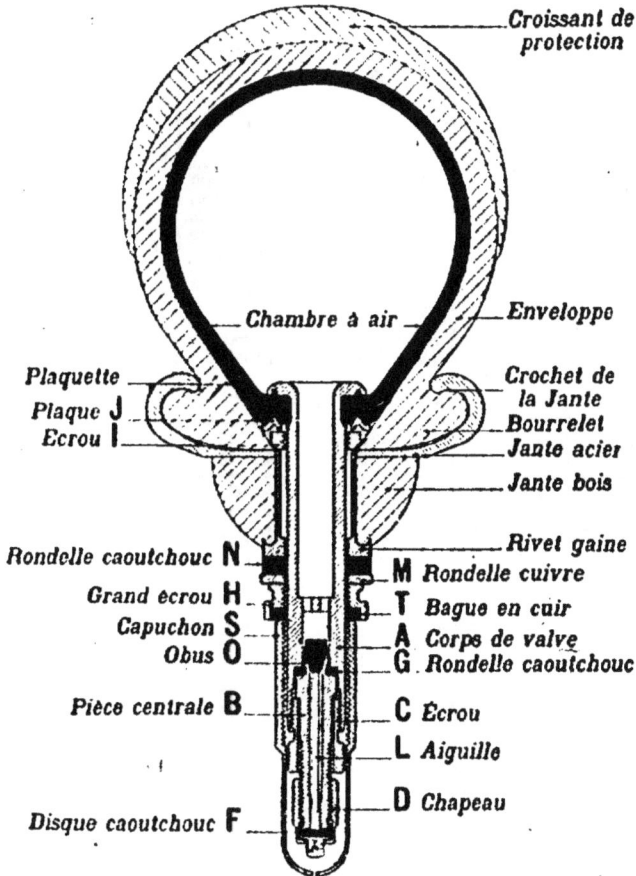

Croissant de protection

Chambre à air — Enveloppe

Plaquette — Crochet de la Jante

Plaque **J** — Bourrelet

Ecrou **I** — Jante acier

Jante bois

Rivet gaine

Rondelle caoutchouc **N** — **M** Rondelle cuivre

Grand ecrou **H** — **T** Bague en cuir

Capuchon **S** — **A** Corps de valve

Obus **O** — **G** Rondelle caoutchouc

Pièce centrale **B** — **C** Écrou

L Aiguille

Disque caoutchouc **F** — **D** Chapeau

Fig. 1

TABLEAU DE GONFLAGE
ET D'AFFAISSEMENT

POIDS maximum que peuvent supporter nos pneus et pression à laquelle il faut les gonfler. Maximum d'affaissement qu'ils doivent présenter en charge.

				Maximum d'affaissement (1)	
GROSSEUR DU BOUDIN	**Maximum du poids à faire supporter au pneu**	**Lorsque le pneu supporte :**	**Il faut le gonfler à**	**pneus plats**	**pneus ronds**
			TYPE VOITURETTE EXTRA-FORT OU VOITURE		
65	275 k.	150 à 200 k. / 200 à 275 k.	3ᵏ500 / 4ᵏ500	»	45 à 51 ᵐ/ₘ
75	220 k.	150 à 200 k. / 200 à 220 k.	3ᵏ500 / 4ᵏ000	»	52 à 57 ᵐ/ₘ
85	300 k.	200 à 250 k. / 250 à 300 k.	4ᵏ000 / 4ᵏ500	58 à 60 ᵐ/ₘ	61 à 65 ᵐ/ₘ
90	450 k.	250 à 350 k. / 350 à 450 k.	4ᵏ000 à 5ᵏ000 / 5ᵏ000 à 5ᵏ500	64 à 67 ᵐ/ₘ	60 à 63 ᵐ/ₘ
105	520 k.	300 à 450 k. / 450 à 520 k.	4ᵏ000 à 5ᵏ000 / 5ᵏ000 à 5ᵏ500	68 ᵐ/ₘ	67 ᵐ/ₘ
120	600 k.	400 à 500 k. / 500 à 600 k.	4ᵏ500 à 5ᵏ000 / 5ᵏ000 à 5ᵏ500	76 ᵐ/ₘ	76 ᵐ/ₘ
135	675 k.	500 à 600 k. / 600 à 675 k.	5ᵏ000 à 5ᵏ500 / 5ᵏ500 à 6ᵏ000	87 ᵐ/ₘ	»
150	750 k.	500 à 650 k. / 650 à 750 k.	5ᵏ000 / 6ᵏ000	110 ᵐ/ₘ	94 ᵐ/ₘ

TYPE VOITURETTE RENFORCÉ

65	170 k.	100 à 140 k. / 140 à 170 k.	2 k. 500 / 3 k. 000	50 ᵐ/ₘ
75	170 k.	100 à 140 k. / 140 à 170 k.	2 k. 500 / 3 k. 000	51 ᵐ/ₘ
85	220 k.	150 à 180 k. / 180 à 220 k.	3 k. 000 / 3 k. 500	54 ᵐ/ₘ

TYPE VOITURETTE LÉGER

65	100 k.	50 à 80 k. / 80 à 100 k.	2 k. 000 / 2 k. 500	50 ᵐ/ₘ
75	120 k.	50 à 80 k. / 80 à 120 k.	2 k. 000 / 2 k. 500	51 ᵐ/ₘ
85	140 k.	60 à 100 k. / 100 à 140 k.	2 k. 500 / 3 k. 000	54 ᵐ/ₘ

SCHÉMA

montrant la manière de mesurer

l'affaissement du pneu

(1) Hauteur de la jante au sol, à prendre comme l'indique le schéma ci-dessus. Il y a lieu de déduire de ces chiffres 1, 2 ou 3 ᵐ/ₘ, suivant l'état d'usure des pneus.

INSTRUCTIONS

SUR LE MONTAGE ET LE DÉMONTAGE

DES PNEUMATIQUES

Le chauffeur peut se trouver en face des deux accidents suivants :

1° Une chambre à air est crevée : il faut la réparer ou la remplacer;

2° Une enveloppe est endommagée : il faut la réparer ou la remplacer.

Nous avons donc divisé notre notice en deux chapitres :

Dans le premier nous indiquons comment il faut s'y prendre pour changer la chambre à air.

Dans le second nous donnons les instructions nécessaires pour le changement de l'enveloppe.

Dans le cours de cette notice, nous appellerons bourrelet ou crochet *extérieur* le bourrelet de l'enveloppe ou le crochet de la jante qui se trouve le plus rapproché de l'opérateur, et bourrelet ou crochet *intérieur* celui qui se trouve le plus rapproché de la voiture.

MONTAGE ET DÉMONTAGE DES PNEUS

Au moyen de notre matériel perfectionné

Le matériel de montage nécessaire au chauffeur se compose des accessoires suivants :

1° Un cric ou vérin.

2° Un levier à bascule (fig. 6, page 46).

3° Deux leviers à béquille (fig. 5, page 46.)

4° Un levier-fourche (fig. 10, page 48).

5° Une fausse valve en bois dur (fig. 25, page 55).

6° Une pompe à manomètre (figure ci-dessous).

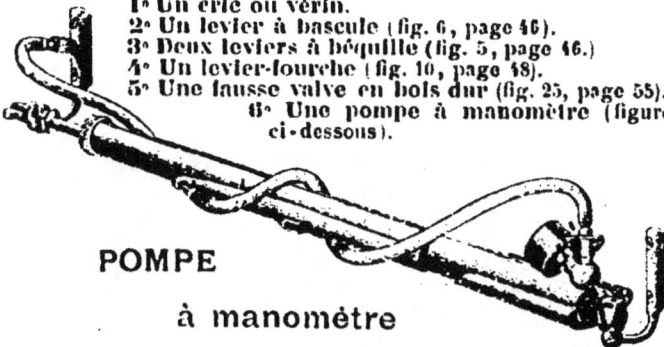

POMPE

à manomètre

CHAPITRE I

CHANGER LA CHAMBRE A AIR

PREMIÈRE PARTIE

SORTIR LA CHAMBRE A AIR

1° Débarrasser la valve de toutes ses pièces.

Enlever le capuchon S de la valve (fig. 1), page 12, puis dévisser l'écrou C sans s'occuper du bouchon ou chapeau D, et sortir ensemble la pièce B avec son chapeau D, pour permettre à l'air de s'échapper, si le pneu est encore un peu gonflé. Dévisser ensuite l'écrou H (notre capuchon à serrage instantané supprime cet écrou) et retirer la rondelle métallique M et la rondelle caoutchouc N. Enfoncer un peu la valve dans l'intérieur du pneu, pour s'assurer qu'elle n'adhère pas à la jante.

2° Dévisser les écrous des boulons de sécurité.

Les boulons de sécurité peuvent être munis, soit de nos écrous à oreilles type ordinaire, soit de nos écrous à serrage instantané.

a) Écrous à oreilles. — Dévisser ces écrous jusqu'au bout de la tige, mais sans les sortir. L'écrou Q doit se trouver dans la position indiquée par la fig. 2. Repousser les boulons de sécurité vers l'intérieur du pneu, jusqu'à ce que l'écrou touche à

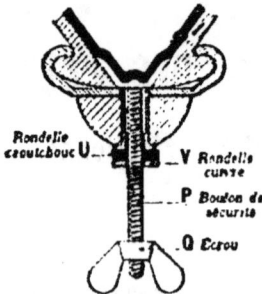

Rondelle caoutchouc U

V Rondelle cuivre

P Boulon de sécurité

Q Écrou

Fig. 2.

Fig. 3.

la jante (fig. 2), afin de s'assurer que les boulons de sécurité ne sont pas adhérents à l'enveloppe.

b) Écrous à serrage instantané. — Dévisser l'écrou (fig. 4) de deux tours, puis saisir le coulisseau B entre le pouce et l'index et le tirer sans brusquerie vers le moyeu de la roue. Le coulisseau arrive au fond de sa course, les lames de la pièce A s'écartent sous l'action de leur ressort et permettent à la pièce d'abandonner la tige du boulon. Recueillir ensuite la rondelle métallique V, qui glisse d'elle-même le long de la tige.

Avec ces écrous, l'on gagne beaucoup de temps : il suffit de dévisser l'écrou d'un ou deux tours, tandis qu'un écrou ordinaire doit suivre tout le filetage de la tige de boulon, opération très dure lorsque cette tige est recouverte de poussière ou de peinture.

B

A

Fig. 4.

Repousser ensuite les boulons vers l'intérieur du pneu, comme ci-dessus. Il est bon de laisser la rondelle caoutchouc après la tige du boulon. Cette rondelle empêche le boulon de tomber à l'intérieur de l'enveloppe lorsqu'on a enlevé la chambre à air.

3° Décoller le bourrelet extérieur.

Repousser fortement avec la main gauche la paroi de l'enveloppe et appuyer juste au-dessus du bourrelet avec l'extrémité amincie d'un levier à béquille (fig. 5), tenu de la main droite.

Fig. 5.

Chaque fois que l'on arrive devant un boulon de sécurité, le repousser dans l'intérieur du pneu, avant de décoller le bourrelet à cet endroit; agir de même pour la valve.

4° Sortir le bourrelet extérieur.

Cette opération s'effectue au moyen de la partie amincie des deux leviers à béquille. On peut employer le levier à bascule (fig. 6) pour faciliter l'introduction des deux autres leviers.

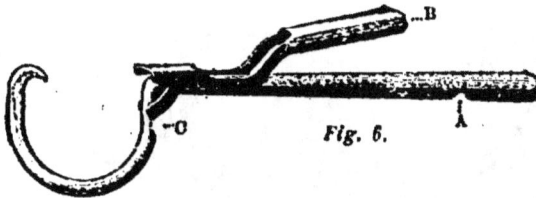

Fig. 6.

a) **Placer le premier levier.** — Talquer l'extrémité des leviers pour faciliter leur glissement sur le caoutchouc. Puis introduire le levier à bascule, le crochet en avant, entre deux rais, à 15 c/m au moins d'un boulon de sécurité. Donner au manche du levier un mouvement ascensionnel et renverser la bascule vers l'intérieur dès que son extrémité a dépassé l'arête de la jante. Cette opération a pour effet de repousser vers l'intérieur de la jante

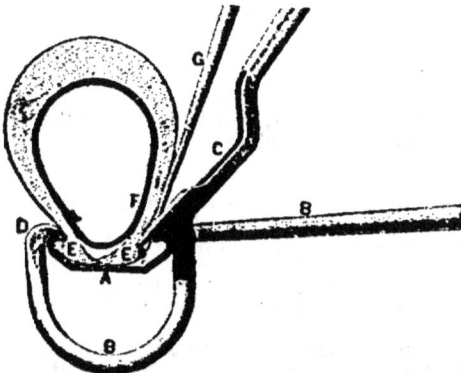

Fig. 7.

le bourrelet à démonter, en le séparant de son crochet (fig. 7). Maintenir le levier à bascule dans cette position et, en même temps, enfoncer progressivement et par petits coups, en le fai-

sant osciller légèrement de droite à gauche, un des leviers à béquille, du côté aminci, sous le bourrelet, jusqu'à ce que sa pointe
repose sur la paroi opposée du pneu, côté voiture (fig. 8). Abandonner le levier à bascule dès que le levier à béquille est engagé
sous le bourrelet.

Si l'on éprouve quelque difficulté à introduire le levier sous le bourrelet, opérer avec deux leviers juxtaposés. Une
fois l'un des leviers engagé, on soulève
légèrement le bourrelet, de façon à permettre d'enfoncer le deuxième levier un
peu plus loin.

Ce deuxième levier servira à son tour a
faire pénétrer le premier plus avant dans
le pneu, et ainsi de suite, jusqu'à ce que
la position de la fig. 8 soit réalisée par l'un
ou par l'autre des deux leviers employés.

Fig. 8.

b) **Placer le second levier.** — La distance entre les deux leviers doit être égale à environ 25 à 30 centimètres.

Enfoncer le second levier comme le premier en se servant du
levier à bascule; avoir soin que ce ne soit pas à l'emplacement de
la valve ou d'un boulon. Il n'y a aucun inconvénient à ce qu'il y
ait un boulon entre les deux leviers, c'est même préférable; mais
avoir bien soin, dans ce cas, de soulever à fond le boulon comme
fig. 3, pour faciliter la sortie du bourrelet. Il n'est pas nécessaire
de *maintenir* ce boulon soulevé.

c) **Dégager une partie du bourrelet.** — Saisir alors un
levier dans chaque
main et les rabat-
tre simultanément
vers les rais de
la roue (fig. 9):
la partie du bour-
relet comprise en-
tre les deux le-
viers passera par-
dessus le crochet
de la jante lorsque
vos mains touche-
ront les rais de la
roue.

Si le bourrelet
reste accroché et
ne passe pas par-
dessus le crochet

Fig. 9.

de la jante, la distance entre les deux leviers est trop grande; rap-
procher un des leviers.

Si, au contraire, le bourrelet une fois sorti revient à sa place
et passe par-dessus le crochet de la jante, la distance entre les
deux leviers est trop faible; écarter les leviers.

d) **Sortir entièrement le bourrelet.** — Dégager le levier
qui est placé à la gauche de l'opérateur sans le *relever*.

Placer ce levier à environ 15 c/m à droite du levier de droite,
puis le faire glisser sous le bourrelet jusqu'à ce qu'il touche la
paroi opposée (fig. 8). Rabattre alors ce levier vers les rais, ce
qui fait passer par-dessus le crochet de la jante une nouvelle portion du bourrelet.

Dégager ce levier et l'introduire comme précédemment à 15 c/m
environ plus loin, le rabattre et recommencer ainsi de suite, de
15 en 15 c/m, tout le tour du bandage, jusqu'à ce que le bourrelet
soit entièrement sorti. (*Nous rappelons qu'on ne doit jamais essayer
d'enfoncer le levier en face d'un boulon de sécurité.*)

En arrivant à chaque boulon, avoir soin de le placer dans la
position de la fig. 3.

La chambre à air est alors visible à l'intérieur de l'enveloppe.

5° Sortir la chambre à air.

Vérifier tout d'abord si la valve est bien débarrassée de toutes ses pièces. Saisir de la main gauche le bourrelet libre de l'enveloppe à la partie diamétralement opposée à la valve, la paume contre le bourrelet, les doigts allongés à l'intérieur contre la paroi, et tirer le bourrelet à soi pour découvrir la chambre à air. Prendre cette dernière de la main droite et la sortir doucement pour ne pas la déchirer, en faisant tout le tour du pneu. Si elle paraît adhérer à l'enveloppe, tirer de très près et avec précaution.

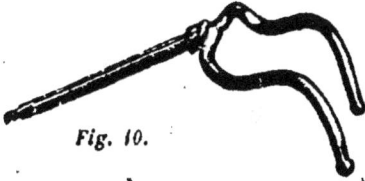

Figure 10.

La partie de la chambre à air qui porte la valve restera seule engagée dans la jante.

Introduire de la main droite le levier-fourche (fig. 10), les branches en avant sous l'enveloppe, de telle sorte que ces branches prennent appui sur la jante, de chaque côté de la chambre à air. En même temps, étrangler autant que possible de la main gauche la chambre à air pour faciliter l'introduction du levier et empêcher les galets de détériorer la chambre (fig. 11). Le levier doit être engagé jusqu'à ce que la pointe du bourrelet libre vienne reposer dans les arrondis de ses branches (fig. 10 et 11).

Figure 11.

Renverser le levier le plus possible du côté de la voiture. Les galets roulent dans la jante et viennent se loger dans le crochet extérieur en découvrant la chambre à air. Dégager de la main libre la valve du trou de la jante. Enlever la chambre et laisser retomber le bourrelet. Si l'on n'a pas à enlever l'enveloppe, laisser le levier-fourche engagé sous l'enveloppe. Il servira plus tard à replacer la chambre à air.

Observation.

Dans certaines voitures, les garde-crotte enveloppent presque complètement le pneumatique. Il faut alors placer le levier au-dessous de l'extrémité du garde-crotte, afin qu'on puisse le renverser du côté de la voiture.

DEUXIÈME PARTIE

PLACER LA NOUVELLE CHAMBRE A AIR ET REMONTER LE PNEU

Recommandation essentielle. — Ce travail ne doit jamais être fait avec précipitation, mais, au contraire, avec soin et ordre, et en observant bien les huit opérations successives.

Il y a, en effet, dans cette partie du montage, deux gros dangers à éviter. Ce sont : 1° l'excès de talc; 2° le pinçon.

1° Talquer la chambre à air.

Les chambres à air que nous livrons en boîtes carton (stock) ou en sacs spéciaux, sont suffisamment lubrifiées par le talc que nous mettons intentionnellement dans les boîtes ou les sacs. Mais si vous avez gardé votre chambre à nu, ou si pour une cause quelconque elle n'a plus de talc, il faut la talquer, puis avoir bien soin de la secouer pour faire tomber l'excès de talc.

Il est inutile et même dangereux de mettre du talc dans l'intérieur de l'enveloppe, car il devient très difficile d'en retirer l'excès. Or cet excès est une cause très fréquente de détériorations.

Le talc est une matière qui a beaucoup d'analogie avec le plâtre. Lorsqu'il est aggloméré, il se tasse et se durcit. Ce n'est plus alors une poudre lubrifiante, mais une véritable pierre, qui use la chambre à air et zèbre sa surface de sillons et de cratères qui lui donnent l'aspect bizarre d'un terrain bouleversé par une éruption volcanique. Nous ne saurions donc trop inviter nos lecteurs à ne jamais talquer l'intérieur de l'enveloppe.

Nous avons recommandé autrefois de talquer abondamment.

Cette mesure avait sa raison d'être avec nos anciennes enveloppes revêtues intérieurement d'un protecteur en toile, qui avait la propriété d'absorber beaucoup de talc. Ce protecteur est maintenant supprimé, et la paroi de nos enveloppes est très lisse et ne boit pas le talc.

2° Mettre la chambre à plat.

Les chambres à air contenues dans nos stocks, ainsi que celles que nous expédions, sont toujours aplaties. C'est, du reste, dans cet état qu'elles doivent être conservées.

Toute chambre qui ne reste pas aplatie, même lorsque la valve est munie de son chapeau ou bouchon D, n'est pas étanche : il y a lieu de la vérifier avant de l'employer.

S'il s'agit de la chambre que l'on vient de réparer, ou d'une chambre qui n'est pas aplatie, opérer de la façon suivante :

Débarrasser la valve de toutes ses pièces, moins l'écrou I et la plaquette J (fig. 1), puis rouler la chambre sur elle-même, la valve tournée vers le sol, en commençant par le côté opposé à la valve, pour chasser l'air qu'elle renferme. Maintenir la chambre roulée et remettre les pièces de la valve, y compris le bouchon ou chapeau D, à l'exception de l'écrou H, des rondelles M et N et du capuchon S et laisser la chambre se dérouler; elle restera alors aplatie.

Ne jamais dévisser, avant montage, le chapeau ou bouchon D d'une chambre aplatie, car l'air pénétrerait immédiatement dans la chambre à air.

3° Replacer la chambre à air.

Si le levier-fourche (fig. 10) n'est pas déjà engagé sous l'enveloppe, le prendre dans la main droite, puis se placer face à la roue et saisir de la main gauche le bourrelet libre à l'endroit de l'encoche pour la valve, les doigts à l'intérieur, et le tirer à soi de façon à pouvoir introduire aisément le levier dans l'intérieur de la jante, les branches en avant. On engage le levier jusqu'à ce que la pointe du bourrelet libre vienne reposer dans les arrondis des branches du levier (fig. 10). Faire glisser le levier sous l'enveloppe, de façon que le trou ménagé dans la jante pour le passage de la valve se trouve encadré par les branches du levier.

Fig. 12.

Prendre d'une main la chambre à air, à l'endroit de la valve, le pouce en dessus, et la valve entre les deux premiers doigts comme le montre la fig. 12, saisir le levier de l'autre main et le renverser le plus possible vers la voiture.

Ce mouvement démasque le trou pour le passage de la valve. Introduire alors la valve dans ce trou, comme le montre la fig. 12. La partie de la chambre à air qui se trouve autour de la valve a une tendance à s'appuyer sur le bourrelet maintenu par le levier. Il faut avoir soin d'introduire cette partie en saillie sous le bourrelet de façon que celui-ci, en revenant à sa place, n'ait qu'à glisser sur la chambre à air.

Abaisser doucement le levier et le dégager en tirant à soi l'enveloppe, comme on a fait pour l'engager.

Placer la chambre bien régulièrement autour de l'enveloppe. Pour cela, se placer face à la roue et tirer à soi de la main gauche le bourrelet libre de l'enveloppe, à 25 c/m environ à gauche ou à droite de la valve, pour faciliter l'introduction de la chambre à air. Prendre celle-ci de la main droite, le pouce en dessus, de façon que l'extrémité des doigts allongés puisse repousser la chambre dans l'intérieur de l'enveloppe. Pour que ce travail de la main droite soit commode, il faut que l'enveloppe soit bien ouverte, et pour cela il faut tirer le bourrelet de la main gauche *sans le relever*, c'est-à-dire dans le sens horizontal. La chambre doit être placée **bien au fond.** Continuer à placer la chambre à air en opérant par fraction de 25 c/m et en ayant bien soin de ne pas la tendre. Il faut, au contraire, la tirer légèrement du côté déjà engagé, à chaque fraction que l'on fait pénétrer sous l'enveloppe. La chambre à air, lorsqu'elle est aplatie, paraît trop longue pour l'enveloppe. On est obligé de faire de légers plis qu'il faut répartir bien également pour les faire disparaître une fois que la chambre est mise au rond.

Veiller à ce que la chambre ne soit pas tordue, qu'elle ne fasse pas de paquet dans une partie et ne soit pas tendue sur un autre point, surtout à la soudure. Les plis de la chambre provoquent une usure rapide.

4° Mettre la chambre au rond.

Gonfler la chambre très légèrement pour la mettre au rond. Dans cet état, la chambre ne doit plus avoir que de légers plis. Cependant il ne faut pas y introduire une pression d'air trop forte, car alors on aurait beaucoup de peine à remonter l'enveloppe.

Pour des pneus de voiturette, de 85 m/m, vingt coups de notre pompe voiturette suffisent. Pour les pneus de voiture, vingt coups de notre pompe voiture suffisent pour un pneu de 90, trente pour un pneu de 105 et quarante pour un pneu de 120.

Glisser la main tour à tour entre la jante et la chambre pour la placer bien également et supprimer les plis s'il en existe.

Il est essentiel de faire disparaître les plis; si l'un d'eux persistait à se former, ne pas hésiter à retirer la chambre à air et à la remettre en place après l'avoir à nouveau dégonflée et mise à plat.

5° Remonter le deuxième bourrelet.

Prendre dans la main droite le levier à bascule (fig. 6) corres-pondant à la grosseur du pneu que l'on a à remonter et l'intro-duire, le crochet en avant, entre deux rais à 15 centimètres en-viron à droite de la valve. Enga-ger à fond le cro-chet du levier après le crochet intérieur de la jante, et don-ner au levier un mouvement ascensionnel, en ayant soin de le maintenir accro-ché à fond (fig. 13). Le bourrelet vient s'asseoir sur la bascule du levier. Dès que

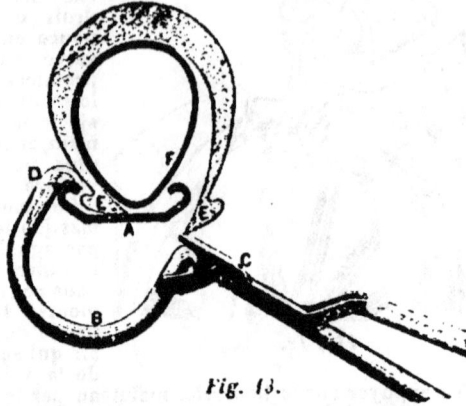

Fig. 13.

la pointe du bourrelet a dépassé l'arête de la jante (fig. 14), ren-verser, de la main gauche, le manche de la bascule du côté de la voiture. Ce mou-vement entraîne le bourrelet dans l'intérieur de la jante (fig. 15). Maintenir la bas-cule relevée avec la main gauche et, de la main droite, abandon-ner le manche du levier à bascule et saisir un le-vier à béquille (fig. 5) que l'on place tout à côté de l'autre (fig. 10), de façon que l'arête de la

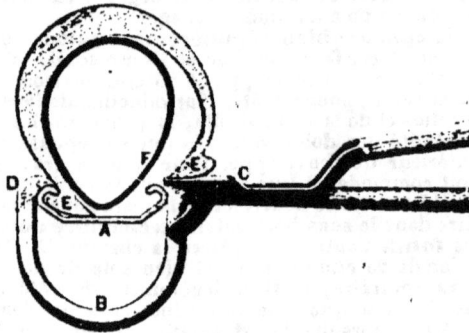

Fig. 14.

jante entre dans le crochet de la béquille, le bourrelet s'ap-puyant sur le plat. Le bourrelet étant maintenu dans sa position, abandonner le levier à béquille qui reste accro-ché et dégager le levier à bascule. Placer ce levier comme il est dit ci-dessus, à 15 c/m environ à gauche de la valve et renver-ser la bascule. La partie du bourrelet com-prise entre les deux leviers passe dans la jante. Enfoncer légèrement la valve dans l'in-térieur du pneu

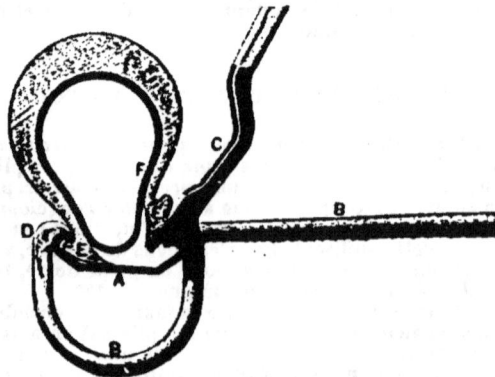

Fig. 15.

pour faciliter le placement de la première partie du bourrelet.

Continuer l'opération de 15 c/m en 15 c/m alternativement à droite et à gauche de la valve, en ayant soin de ne pas placer le levier à bascule en regard d'un boulon de sécurité.

Lorsque l'on a engagé de cette façon 60 ou 80 c/m de bourrelet, enlever le levier à béquille **en le relevant** et en le poussant contre le bourrelet pour dégager son crochet. Puis, repousser d'une main la valve dans l'intérieur du pneu, pendant que l'on appuie de haut en bas sur le talon du bourrelet à côté de la valve avec le côté aminci du levier à béquille pour forcer le bourrelet à prendre sa place dans le crochet de la jante.

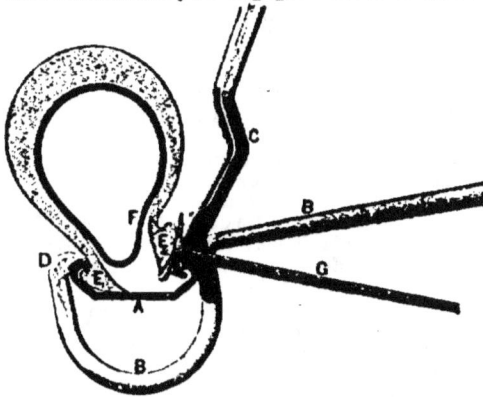

Fig. 16.

Continuer à engager le bourrelet tout autour de la jante, au moyen du levier à bascule, en procédant par fractions de 15 c/m environ.

Avoir soin, chaque fois que l'on vient de dépasser un boulon de sécurité, de le repousser dans l'intérieur du pneu avec la main gauche, comme dans la fig. 3, pendant que l'on donne avec la main droite un nouveau coup du levier à bascule. Il faut toujours accrocher bien à fond le levier à bascule. Faute de prendre cette précaution, le bout de la bascule viendrait buter sur le rebord de la jante et arrêterait le mouvement du levier (fig. 17). C'est pourquoi il ne faut pas essayer de manœuvrer le levier à bascule sur un pneu gonflé, car le crochet D ne peut plus s'accrocher à fond.

Nous rappelons que le maniement du levier à bascule n'exige que des efforts modérés, même avec des pneus durs. Il faut donc employer ce levier sans brusquerie et sans hâte, pour ne pas le heurter après la jante bois ou les rais de la roue, ce qui pourrait endommager la peinture. Lorsque tout le bourrelet est engagé, il faut vérifier s'il est bien entré complètement dans le crochet de la jante.

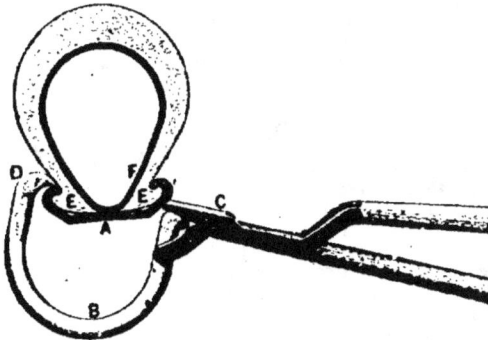

Fig. 17.

Il faut que le bourrelet soit entièrement caché par le rebord de la jante. S'il ne l'était pas partout, il faudrait tirer l'enveloppe à soi avec les deux mains pour obliger le bourrelet à entrer complètement.

Si le bourrelet persiste à ne pas s'engager complètement, c'est que la jante a reçu un choc qui a modifié son profil intérieur et resserré son crochet. Il vaut mieux, dans ce cas, faire pénétrer le bourrelet autant que possible en appuyant vigoureusement de haut en bas avec la pointe d'un levier, puis lacer un manchon-guêtre avec sa garniture, gonfler modérément et s'en aller à petite allure ehez le charron le plus rapproché pour lui faire redresser la jante.

L'éclatement serait inévitable si l'on négligeait de prendre cette précaution.

6° Vérifier le montage.

a) **Faire jouer les boulons.** — Quand le bourrelet est mis en place tout autour de la jante, s'assurer que les boulons de sécurité sont correctement placés.

Pour cela, il faut appuyer sur la tige des boulons et les laisser revenir sous l'effort de la chambre; ils doivent revenir à peu près comme revient une touche de piano lorsqu'on la quitte du doigt. Ce petit mouvement permet à la chambre, si elle est prise sous le boulon (fig. 18), de se dégager.

S'il est impossible de manœuvrer le boulon, il faut penser que le bourrelet est placé par-dessus au lieu d'être par-dessous (fig. 19). Il faut donc sortir le bourrelet à cet endroit et le remettre en place pendant qu'on maintient le boulon soulevé; sans quoi l'éclatement est infaillible.

Fig. 18.

b) **Vérifier s'il y a des pinçons.** — Lorsque toute l'enveloppe est ainsi en place, il est essentiel de vérifier si la chambre à air n'est pas pincée entre les bourrelets de l'enveloppe comme dans la fig. 20.

Lorsque la chambre est pincée, la pression agissant sur le caoutchouc pur de la chambre, sans que celui-ci soit appuyé sur une paroi résistante, finit toujours par la faire éclater. Cet éclatement se produit généralement après un temps assez long pendant lequel le caoutchouc atteint progressivement sa limite d'allongement au point A (fig. 18 et 20) et se produit au repos aussi bien qu'en marche. Si le pinçon a lieu sur une grande longueur, il peut y avoir sortie du

Fig. 19.

bourrelet et éclatement très bruyant de la chambre. Si le pinçon est petit, il y a seulement un léger sifflement suivi de l'aplatissement du pneu.

Pour vérifier s'il y a des pinçons, saisir l'enveloppe d'une main, la paume près du bourrelet, repousser avec cette main l'enveloppe vers la voiture et, en même temps, avec la pointe du levier tenu dans l'autre main, repousser et soulever légèrement le bourrelet vers le centre de la jante. Regarder alors à l'intérieur de la jante

Fig. 20.

si l'on voit le rouge de la chambre à air prise sous le bourrelet (fig. 21). Dans ce cas, introduire le levier de démontage à cet endroit et le rabattre vers les rais comme si l'on voulait démonter l'enveloppe. Laisser ensuite revenir le bourrelet à sa place et vérifier si cette opération a bien supprimé le pinçon.

7° Gonfler.

Lorsqu'on veut gonfler, enlever le capuchon S de la valve (fig. 1), dévisser le bouchon ou chapeau D et enfoncer dans le trou de la pièce B l'aiguillette qui se trouve à l'extrémité du tuyau de la pompe (1) pour appuyer sur l'aiguille L de l'obus et faire échapper un

---

(1) Nos anciens tuyaux de pompe ne comportaient pas cette aiguillette, car le chapeau ou bouchon de la valve portait une pointe ayant le même usage. Nous avons supprimé cette pointe en raison du danger de perforation qu'elle présentait pour les chambres à air.

peu d'air, dans le but de s'assurer que l'obus n'est pas collé à son siège.

Avoir soin de visser à fond les deux raccords du tube qui s'adaptent, l'un à la pompe, l'autre à la valve, sans quoi on a des fuites d'air et le gonflage devient très fatigant.

En pompant, enfoncer toujours le piston à fond, jusqu'au choc, pour chasser de la pompe tout l'air comprimé, sans quoi on comprime de l'air en pure perte. Relever également le piston jusqu'à ce qu'il touche le chapeau supérieur pour aspirer le plus grand volume d'air possible. Il faut environ 260 coups de pompe pour gonfler à 5 kilos un pneu de 870 × 90 neuf, avec une de nos pompes voiture à manomètre.

Si l'on a gonflé son pneu trop dur (*consulter le tableau de gonflage, page 45*), faire échapper un peu d'air en appuyant sur l'aiguille L de l'obus avec l'aiguillette du tuyau de la pompe. Puis vérifier la pression au moyen du contrôleur de pression (Voir page 39). Si l'on n'a pas de contrôleur, visser le raccord de la pompe sur la valve comme pour gonfler. Donner un rapide coup de pompe et immédiatement après en donner un second, mais assez lent pour comprimer doucement l'air contenu dans la pompe jusqu'à ce qu'il arrive à la pression contenue dans le pneumatique.

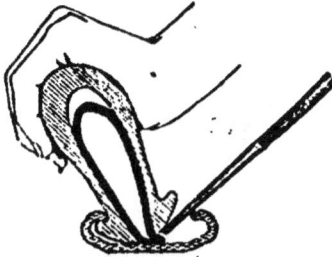

Fig. 21.

Surveiller attentivement l'aiguille du manomètre, et la division la plus éloignée du zéro qu'elle indiquera représentera la pression contenue dans le pneu. Si l'aiguille ne monte pas, presser un peu plus fort sur le piston de la pompe. Ce procédé ne peut donner qu'une indication approximative. Il est bien préférable et plus sûr de vérifier le gonflage au moyen du contrôleur de pression (Voir page 39).

Après pompage, s'assurer toujours que l'écrou C (fig. 1) est bien vissé à fond, et visser également à fond le chapeau ou bouchon D; si ces pièces étaient mal vissées, la valve ne serait pas étanche. Revisser avec soin et à fond l'écrou H de la valve, après avoir eu bien soin de replacer dans l'ordre, d'abord la rondelle de caoutchouc N, ensuite la rondelle métallique M.

Rappelons de nouveau que notre capuchon à serrage instantané supprime l'écrou H, mais pas les rondelles M et N.

8° Serrer à fond les boulons de sécurité.

Il est essentiel de serrer à fond les boulons de sécurité. Un boulon non serré à fond laisse pénétrer l'eau dans le pneu, et surtout le bourrelet risque de sortir de l'accrochage de la jante. Il en est de même de l'écrou H de la valve.

Serrer à fond l'écrou Q du boulon de sécurité (fig. 2) après avoir eu bien soin de replacer dans l'ordre, d'abord la rondelle de caoutchouc U, ensuite la rondelle métallique V.

CHAPITRE II
CHANGER L'ENVELOPPE

PREMIÈRE PARTIE
SORTIR L'ENVELOPPE

1° Enlever la chambre à air comme il est prescrit (voir page 45).

2° Enlever un à un les boulons de sécurité.

Dévisser complètement l'écrou Q et enlever les rondelles V et U de chaque boulon. Relever ensuite le bourrelet libre de l'enveloppe, comme dans le placement de la valve au moyen du levier-fourche (fig. 22).

Fig. 22.

3° Enlever complètement l'enveloppe.

Décoller le second bourrelet en tirant à soi l'enveloppe de la main gauche. Dès que le talon a quitté un peu le crochet intérieur de la jante, enfoncer l'extrémité amincie du levier à béquille sous le bourrelet déjà libre, puis sous le second, pour lui faire prendre la position indiquée fig. 23.

Rabattre ensuite le levier vers les rais de la roue en tirant vigoureusement l'enveloppe à soi de la main gauche.

Aussitôt qu'on a fait passer une longueur de 20 centimètres, le reste sort à la main.

Fig. 23.

DEUXIÈME PARTIE

PLACER LA NOUVELLE ENVELOPPE ET REMONTER LE PNEU

1° Placer le premier bourrelet.

Nos enveloppes ont toujours un des bourrelets d'un diamètre légèrement plus grand que l'autre. Il faut placer le premier sur la jante, le bourrelet qui se trouve du côté où il n'y a pas de numéro matricule; autrement dit, il faut que ce numéro matricule se trouve à l'extérieur de la voiture une fois le pneu monté. Dans le cas où le numéro matricule n'est pas apparent, on reconnaît le plus grand bourrelet de la façon suivante :

Coucher l'enveloppe par terre et se tenir debout au milieu. Si l'on n'aperçoit qu'un bourrelet, c'est le bourrelet du plus petit diamètre qui est au-dessus. Si l'on aperçoit les deux bourrelets, l'un extérieurement et l'autre intérieurement, c'est le bourrelet du plus grand

Fig. 24.

diamètre qui est au-dessus, et c'est celui que l'on doit monter le premier.

Faire tourner la roue jusqu'à ce que le trou ménagé dans la jante pour le passage de la valve se trouve en haut, et introduire dans ce trou la fausse-valve en bois (fig. 24) jusqu'à ce qu'elle soit arrêtée par sa partie conique.

Saisir ensuite l'enveloppe, l'encoche en haut et le plus petit bourrelet tourné vers soi, et placer la partie supérieure du bourrelet du plus grand diamètre sur la jante de façon que l'encoche de ce bourrelet emprisonne la fausse-valve (v. fig. 25). Puis, les deux mains étant dans la position de la figure 25, faire effort pour engager le bourrelet intérieur le plus loin possible, en poussant simultanément avec les deux mains.

Introduire ensuite la main droite dans l'enveloppe, à l'endroit où le bourrelet a cessé de s'engager, les doigts fermés et la paume s'appuyant sur le bourrelet intérieur. Faire effort de cette main pour faire pénétrer dans la jante une nouvelle partie de ce bourrelet intérieur. Si l'on éprouve de la difficulté vers la fin de l'opération, se servir du côté plat du levier à béquille que l'on introduit entre la jante et le bourrelet à placer.

Laisser en place la fausse-valve. On la retirera au moment de placer la valve de la chambre à air.

Si l'on opère sur une enveloppe neuve, il est bon de promener sur les bourrelets un chiffon imprégné de talc. Cette opération facilite leur placement.

Fig. 25.

2° Placement des boulons de sécurité.

Avant de placer les boulons de sécurité, frapper simultanément avec la paume des deux mains écartées, tout autour de l'enveloppe, pour obliger le bourrelet placé à s'engager dans le crochet de la jante.

Introduire ensuite le levier-fourche (fig. 10) sous l'enveloppe, à l'endroit d'un boulon de sécurité, et relever le bourrelet de l'enveloppe comme fig. 22. Introduire alors les boulons de sécurité et avoir soin, avant de laisser retomber le bourrelet, de bien aplatir les plis de la basane qui enveloppe la tête du boulon. Ces plis feraient saillie sous la chambre à air et arriveraient à la percer.

Après avoir placé chaque boulon de sécurité, mettre la rondelle caoutchouc U (fig. 2), pour empêcher le boulon de tomber à l'intérieur de l'enveloppe.

Terminer ensuite le montage en plaçant la chambre à air comme il est prescrit page 49, et enfin en remontant le deuxième bourrelet selon les indications de la page 51.

RÉPARATIONS AUX PNEUS DE VOITURE

RÉPARATIONS FAITES A NOTRE USINE

Nous effectuons à notre usine de Clermont-Ferrand toutes les réparations « possibles » aux enveloppes et chambres à air, avec le souci de n'exécuter que des réparations qui puissent donner satisfaction, c'est-à-dire en évitant de réparer des objets trop détériorés pour justifier une dépense quelconque.

Aussi nous demandons à nos clients, désireux d'attendre le moins possible le retour des pneumatiques qu'ils nous envoient à réparer, de bien vouloir spécifier qu'ils nous laissent le soin d'exécuter toutes les réparations que nous jugeons nécessaires.

Dans ce cas, nous mettons immédiatement la réparation en mains.

Dans le cas contraire, nous sommes obligés d'indiquer en détail les réparations que nous conseillons, même si notre client a cru devoir nous stipuler, d'une façon précise, ce qu'il désire voir faire à son enveloppe ou à sa chambre à air.

Mais alors notre client est forcément privé de l'objet pendant plus longtemps, car au délai demandé par la réparation s'ajoute celui nécessaire pour la correspondance.

Le mieux pour les chauffeurs est de nous adresser ces objets par l'intermédiaire des stockistes Michelin. Ceux-ci sont au courant des formalités de douanes à remplir pour l'admission en franchise, des marchandises provenant de Tunisie.

RÉPARATIONS FAITES SUR ROUTE
OU A L'ÉTAPE
Avaries à l'enveloppe.

Les pneus de Voitures, Voiturettes, Motocyclettes, peuvent parfaitement être réparés par le client.

Ces réparations provisoires permettent d'achever l'étape, même si elle est de 300 kilomètres. Elles se font, la plupart du temps, sans sortir de la jante le second bourrelet de l'enveloppe.

Si l'enveloppe est percée, procédez ainsi :

L'enveloppe étant ouverte, choisissez un emplâtre toile et caoutchouc qui dépasse la plaie de 4 ou 5 centimètres dans chaque sens, collez-le sur la plaie avec de la dissolution. (*N'en mettez pas trop et laissez sécher.*) Talquez fortement et replacez la chambre.

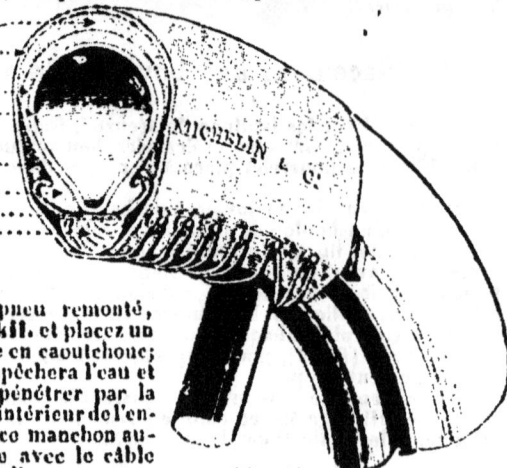

Croissant. . . . .
Manchon . . . . .
Enveloppe . . . . .
Chambre à air . . .
Garniture de gomme.
Bourrelet . . .
Jante acier. . . . .
Jante bois . . .

Une fois le pneu remonté, gonflez-le à 1 kil. et placez un manchon guêtre en caoutchouc; ce manchon empêchera l'eau et le gravier de pénétrer par la coupure dans l'intérieur de l'enveloppe. Lacez ce manchon autour de la jante avec le câble souple qui l'accompagne, comme vous laceriez un soulier

Fig. 26.

(fig. 26). Votre manchon une fois bien attaché, gonflez le pneu à fond.

Si vous avez une coupure à l'accrochage, si le bourrelet se détache de l'enveloppe, il faut employer la *garniture en caoutchouc* que vous placez entre la jante et la naissance du croissant comme l'indique la fig. 26, puis vous placez le manchon que vous lacez; vous gonflez ensuite à fond.

RECOLLAGE DU CROISSANT

Si le croissant est décollé sur les bords, décollez environ 5 millimètres en plus *sans employer de benzine*, c'est-à-dire en tirant simplement sur le croissant, nettoyez les deux parties à la toile émeri, passez deux fortes couches de dissolution, *laissez sécher environ deux heures* et appliquez. Avoir soin d'appliquer fortement en pressant avec les mains, le pneu étant gonflé. Ficelez ensuite fortement ou comprimez avec des poids.

Si le décollage est grave, faites réparer l'enveloppe à l'usine.

Lorsque vous aurez roulé sur des routes caillouteuses ou mal entretenues, les silex ou tessons de bouteille auront fait à vos pneus des blessures plus ou moins graves.

En arrivant à l'étape il y aura donc lieu de les examiner, après les avoir débarrassés de la couche de poussière ou de boue qui pourra les recouvrir.

Lorsque les blessures seront profondes et auront atteint les toiles de l'enveloppe, il sera prudent de nous faire envoyer l'objet détérioré.

Mais si les coupures ne sont que superficielles et intéressent seulement la couche de caoutchouc ou même les toiles du croissant, il vous sera facile de boucher vous-même ces coupures en employant le mastic Michelin comme suit :

Bien nettoyer à la benzine, avec un pinceau ou un chiffon placé sur une spatule en bois, le fond et les bords de la coupure. Veiller surtout à ce qu'il ne reste dans la plaie ni gravier ni poussière. Laissez sécher quelques instants. Enduire de dissolution ordinaire, *mais sans excès*, l'intérieur de la coupure, laisser sécher quelques minutes. Remplir la plaie avec du mastic pétri dans les doigts ; à l'aide d'une spatule, bien faire pénétrer le mastic partout dans la plaie : éviter le moindre vide. Comprimer un instant la plaie avec les doigts pour favoriser la prise du mastic. Laisser sécher cinq ou six heures avant de rouler.

Tenir la boîte bien fermée. — Si le mastic se durcit dans la boîte, le malaxer avec une goutte de benzine ou d'essence pour automobiles.

Il ne faut pas négliger ces petites coupures, même si elles paraissent peu profondes, car elles sont un danger permanent pour l'enveloppe. En effet, l'eau et les graviers pénètrent jusqu'au fond de la coupure, qui s'agrandit de jour en jour jusqu'au moment où elle atteint les toiles ; celles-ci pourrissent alors rapidement et provoquent la perte du pneu.

AVARIES A LA CHAMBRE A AIR

1° Réparation provisoire sur route.

La chambre à air est percée et, par suite, n'est plus étanche, *l'enveloppe n'a rien* ou un trou insignifiant, par exemple un trou d'épingle ou de clou.

Vous assurer avant tout que l'épingle ou le clou n'est pas resté dans l'enveloppe, sans quoi votre chambre serait repercée au bout de 300 mètres.

Il faut ensuite sortir la chambre en totalité ou en partie et la réparer ou la remplacer.

S'il ne s'agit que d'une crevaison par un clou, il est toujours possible de réparer instantanément sur route au moyen d'un " lardon ". Dans ce cas, opérer de la façon suivante :

Après avoir trouvé la perforation, choisir la grosseur de fil qui convient le mieux à la blessure. Les fils de 4 ᵐ/ᵐ conviennent pour les trous d'épines et les trous de petits clous. Les fils de 6 ᵐ/ᵐ peuvent obturer une fente de 4 ᵐ/ᵐ de longueur ou un trou de clou de 3 ᵐ/ᵐ de diamètre.

No pas craindre d'employer un fil trop gros. Plus le fil est gros, meilleure est l'obturation.

Fig. 27.

Il ne faudrait pas cependant exagérer et vouloir faire pénétrer un fil de 6 ᵐ/ᵐ dans un

*trou à peine visible. En suivant la règle que nous indiquons ci-dessus,
on évitera tout insuccès.*

Prendre la chambre de la main gauche à l'endroit lésé, de telle façon que l'ouverture de la plaie se trouve entre le pouce et l'index à environ 1 centimètre de chacun d'eux, et qu'en **serrant les doigts on fasse ouvrir la blessure autant que possible.**

Fig. 28.

Introduire avec précaution dans la perforation, après l'avoir légèrement humectée de salive, l'extrémité du tube métallique qui correspond à la grosseur du lardon à employer (fig. 27) et enfoncer l'appareil de 15 m/m environ dans l'intérieur de la chambre à air. Puis mettre la chambre à air à plat sur la main gauche, de manière

Fig. 29.

que le tube se tienne vertical, maintenu par la paroi intérieure de la chambre à air opposée à la perforation (fig. 28) et, de la main droite, introduire le lardon par l'échancrure du tube jusqu'à ce qu'on sente une résistance, c'est-à-dire jusqu'à ce que l'extrémité du lardon soit en contact avec la paroi intérieure de la chambre à air opposée à la perforation. Abandonner alors le lardon de la main droite et saisir avec cette main l'extrémité libre du tube en **écartant le lardon** avec l'index (fig. 29) et tirer à soi sans secousse en faisant osciller l'outil pour le dégager. Dès que le biseau commence à sortir, la

Fig. 30.

chambre à air étrangle le lardon et permet le dégagement de l'outil. Une fois le tube enlevé, couper le lardon avec des ciseaux, de préférence à 2 ou 3 m/m, **pas plus**, de la surface de la chambre à air. La chambre est alors étanche. Nous recommandons de mettre **la chambre au rond** avant de la monter pour vérifier si le lardon a bien obturé le trou, ce que l'on constate en mettant un peu de salive autour du lardon. S'il se produit des bulles, enlever le fil et en placer un plus gros. Vérifier ensuite comme ci-dessus.

La figure 30 montre le fil placé et coupé.

Chacun des fils contenus dans la pochette peut servir pour 8 ou 10 réparations.

Si la crevaison est plus grave, si elle est produite par un tesson ou un silex, se servir de la réparation au " **MASTIC** ".

La réparation au " **MASTIC** " convient pour les trous ou fentes depuis 5 m/m jusqu'à 2 et même 3 centimètres, c'est-à-dire qu'elle est à employer là où le lardon serait inefficace. Cependant, nous devons faire une restriction : La réparation Mastic n'est pas à adopter lorsque le trou à obturer se trouve dans la partie de la chambre à air qui est en contact avec la jante et avec les bourrelets, cas très rare d'ailleurs.

Pour qu'une chambre soit percée là, il faut qu'elle ait été percée avec un levier manié maladroitement ou bien qu'un clou l'ait traversée de part en part et ait fait deux trous. Cependant si le trou ainsi placé ne dépasse pas 8 ou 10 m/m, on peut essayer la réparation " **MASTIC** " avec quelques chances de succès. Mais nous ne la conseillons pas.

Sur le reste de la chambre à air, c'est-à-dire la partie qui est bien en contact avec l'enveloppe, la réparation Mastic tient très bien. Elle s'opère de la façon suivante :

Tirer de la boîte une quantité de Mastic en rapport avec le trou à obturer (la grosseur d'une noisette pour une fente d'un centimètre), rouler ce mastic entre les doigts et lui faire prendre une forme allongée. Puis, de la main gauche en pressant sur les parois de la chambre, tenir la plaie ouverte (si la plaie est sale, la nettoyer sommairement avec un chiffon imbibé d'essence). De la main droite, engager la boule de mastic dans la plaie de façon à en faire entrer environ un tiers à l'intérieur (fig. 31). Puis mettre la chambre, la plaie en dessus, sur une surface plate, un marchepied par exemple, et exercer avec le pouce de la main droite des pressions vigoureuses sur le mastic en déplaçant chaque fois un peu le doigt. Cette opération a pour but d'obliger le mastic à remplir exactement la coupure et de le façonner en bourrelet à l'intérieur et à l'extérieur.

Le mastic doit avoir alors à peu près la forme indiquée fig. 32.

Remonter comme à l'habitude, en ayant soin de retourner la chambre à air, en plaçant à droite de la roue la partie qui était à gauche et réciproquement. De cette façon, la réparation que l'on vient de faire se trouve du côté opposé à celui où la coupure s'est produite et pourra ainsi s'appuyer sur une partie saine de l'enveloppe.

Fig. 31.   Fig. 32.

Ne pas oublier de réparer l'enveloppe au moyen d'un emplâtre et d'un manchon-guêtre, selon les prescriptions de la page 67, si la coupure est importante.

En remontant la chambre à air, avoir soin de ne pas arracher le mastic. Une fois la chambre gonflée, la pression appliquera l'excès de mastic contre l'extérieur de la chambre et l'intérieur de l'enveloppe, et s'opposera à toute fuite. La chaleur développée en roulant durcira le mastic en favorisant l'évaporation de la benzine qu'il contient. Si l'on a à démonter le pneu par la suite, on constatera que le mastic est devenu très adhérent et fait en quelque sorte corps avec la chambre à air.

Vérifier avant d'employer le mastic s'il n'est pas desséché. Dans ce cas, le malaxer avec une goutte d'essence. Vérifier aussi s'il n'a pas tourné au gras par suite de l'introduction d'huile ou de graisse dans la boîte. Il a, dans ce cas, un aspect huileux et il est noir, mou et colle beaucoup aux doigts. Dans ces conditions, il n'est bon à rien : il faut le jeter. Le bon mastic doit avoir un aspect mat et une couleur brun foncé. Il doit être assez ferme pour que l'on soit obligé de faire effort pour en tirer un morceau de la boîte avec une spatule en bois.

Enfin, si la chambre porte un éclatement de grande longueur, il est infiniment plus simple de la remplacer que d'essayer de la réparer sur la route.

Nous conseillons donc d'avoir toujours avec soi une chambre à air de rechange pour roues avant et deux pour roues arrière.

Ne placez jamais votre chambre de rechange dans votre boîte à outils, où la lime ou tout autre objet la percera, où la chaleur et l'huile pourront la détériorer. *Nous vendons des sacs spéciaux pour emballer les chambres à air.*

2° Réparation définitive à l'étape.

La partie blessée de la chambre à air étant apparente, faites *sans hâte* les opérations suivantes :

1° Choisissez une pastille à la demande du trou, c'est-à-dire de dimensions telles qu'elle dépassera de 2 à 3 centimètres sur tout son pourtour les bords de la perforation ;

2° Faites disparaître toute trace d'humidité ou de saleté en frottant avec un chiffon, ou de préférence avec de la toile émeri, toute la surface de la chambre sur laquelle la pièce viendra s'appliquer ;

3° Enduisez d'une couche bien égale de dissolution les deux faces à coller. Mettre peu de dissolution et en passer deux ou trois couches, en laissant sécher entre chaque application.

4° Laissez sécher la dernière couche jusqu'à ce que le doigt happe fortement sur les parties enduites (dix minutes au moins);

5° *Alors seulement* appliquez la pièce, comprimez fortement et surveillez les bords de la pièce, *qui ne doivent pas se soulever.*

Pour augmenter l'adhérence, frapper sur la pastille après avoir placé la chambre sur une surface bien plane et bien lisse. Il faut frapper au moyen d'un marteau à surface arrondie : un marteau de cordonnier convient parfaitement, à condition que sa surface soit bien lisse. Frapper des coups modérés et nombreux. Le choc applique plus intimement les deux surfaces à coller, et la chaleur qu'il développe facilite le collage. Charger ensuite la chambre à air d'un poids et laisser sécher aussi longtemps que possible.

NOTA. — Il ne faut jamais appliquer l'une contre l'autre deux surfaces encore humides, car les collages du caoutchouc ont ceci de particulier qu'ils ne réussissent que quand on les fait *à sec.*

Ne collez jamais de toile sur la chambre à air, mais toujours une feuille de caoutchouc pur. La toile caoutchoutée n'est pas étanche et nuit à l'élasticité de la chambre.

Vérifiez bien si la paroi diamétralement opposée au trou de la chambre à air n'a pas été percée du même coup, ce qui est très fréquent, quand la perforation provient d'un clou un peu long; vérifiez aussi si l'objet qui a causé la perforation n'a pas pénétré à l'intérieur de la chambre à air. Il nous est arrivé de trouver, dans des chambres que l'on nous envoyait en réparation, des moitiés de fers à chevaux pesant jusqu'à 100 gr.

ÉTANCHÉITÉ DE LA CHAMBRE A AIR ET DU PNEU

Sur la route, quand vous n'avez pas vu le clou, mettez la chambre au rond; vous trouvez facilement l'emplacement du trou par le *jet d'air* produit dans la poussière, ou par le *souffle* qu'il donne sur la joue. (*Vérifiez toujours, en agitant la chambre et en approchant l'oreille de sa partie inférieure, si le clou n'est pas resté à l'intérieur de l'enveloppe; vérifiez aussi s'il n'a pas fait deux trous dans la chambre.*)

Mais il est des *fuites imperceptibles* (par exemple, celles que font des piqûres d'aiguilles) qui vident un pneu en deux ou trois jours.

On les trouve en plongeant méthodiquement, dans un baquet plein d'eau, successivement toutes les parties de la chambre à air, gonflées au préalable. Et encore, pour découvrir ces petites fuites, qui souvent s'arrêtent momentanément, il faut allonger doucement la chambre sous l'eau pour dilater le trou. On voit seulement alors des bulles d'air monter à la surface de l'eau.

NOTA IMPORTANT. — Pour faire ces recherches, il ne faut pas gonfler trop fortement la chambre à air, parce qu'il se formerait, à un endroit quelconque, une hernie, *un ballon* où se logerait l'excès d'air. En pareil cas, dégonflez immédiatement votre chambre à air, si vous ne voulez pas la voir éclater. Le caoutchouc pur ne saurait résister à la pression. C'est là le rôle de l'enveloppe extérieure, qui, à cet effet, est toilée. Cette dilatation est une preuve de l'excellence de la qualité du caoutchouc que nous employons pour nos chambres : du caoutchouc médiocre éclaterait sans se dilater.

ÉTANCHÉITÉ DE LA VALVE

On la vérifie quand le pneu est monté et gonflé.

A cet effet, et seulement une fois le bouchon de la valve ou chapeau vissé à fond, faites tourner la roue de façon que la valve soit placée à la partie la plus élevée de la circonférence, c'est-à-dire la tête en bas (fig. 33); prenez un verre rempli d'eau jusqu'au bord, placez-le sous la valve et élevez-le de façon que la valve y trempe.

Fig. 33.

Il arrive que des bulles d'air restent adhérentes au métal; si elles ne se détachent pas, ce n'est pas une fuite.

Notre valve comprend les joints en caoutchouc suivants :
(Voir détail, fig. 1, page 42.)

1° Le *petit obus* O en caoutchouc qui bat dans le corps A de la valve;
2° Le *disque de sécurité* F du *chapeau* D;
3° La *rondelle-bague* G;
4° Le *joint* sur la chambre à air (écrou I).

Voir fig. 1, page 42.

1° Étanchéité de l'obus.

Le petit obus n'a pas la prétention d'être absolument étanche; il a pour but de *faire clapet pendant le pompage* et d'assurer une étanchéité relative jusqu'à ce que l'on ait vissé le chapeau. On ne doit pas se plaindre s'il laisse échapper une ou deux bulles d'air.

Si l'obus siffle, il doit y avoir une petite saleté ou de la poussière dans la valve. Nettoyez l'obus; s'il est abîmé, remplacez-le par un autre que vous trouverez dans la pochette verte de notre nécessaire.

Avant de replacer l'obus, nettoyez aussi avec un linge les parois intérieures de la valve (*le siège de cet obus*).

Fig. 34.

2° Étanchéité du chapeau.

Si le chapeau fuit, examinez la rondelle en caoutchouc (*disque* F) (fig. 1, p. 42) qui se trouve au fond du chapeau D; si elle est par trop abîmée, ce qui peut arriver au bout d'un certain temps, remplacez-la par une autre que vous trouverez dans la pochette verte de notre nécessaire (fig. 34); faute de mieux, mettez une petite rondelle de cuir, de bois tendre ou d'étoffe, enduite d'un corps gras ou de dissolution.

3° Étanchéité de la rondelle-bague G.

La rondelle-bague G (fig. 1) fuira si l'écrou C n'est pas assez serré; elle fuira aussi si elle est abîmée. Notre trousse en contient deux. Si l'on n'en a pas, on peut la remplacer provisoirement par du cuir ou même par du fil imprégné de suif ou de cire.

Lorsqu'on démonte la valve pour nettoyer l'obus et son siège, avoir soin de ne pas perdre soit l'obus, soit la bague en caoutchouc G, qui est logée dans une gorge sur la pièce B (fig. 1). Si, en retirant la pièce B, cette bague reste collée à la pièce A, il faut la retirer et la replacer sur la pièce B dans sa gorge, sans quoi il est *impossible* de remettre en place la pièce B.

4° Étanchéité du joint à l'écrou I.

Rappelons ici qu'on ne doit *jamais dévisser* l'écrou I, mais cet écrou peut se desserrer à la longue. Si l'on a un pneu qui se vide sans que l'on ait pu découvrir une fuite à la chambre à air, serrer un peu l'écrou I, mais pas trop fort, car on détériorerait la chambre à air.

Nous donnons comme dernier conseil celui de ne *jamais mettre d'huile* dans notre valve. Tous les corps gras dissolvent le caoutchouc : le petit obus en peu de temps gonflerait, se collerait dans l'intérieur et ne pourrait plus se mouvoir.

Si l'on a à graisser le cuir embouti de la pompe, il est bon, après cette opération, de donner à vide une vingtaine de vigoureux coups de pompe, en ayant soin d'enlever le tube souple qui porte le raccord de la valve. Cette précaution a pour but de chasser l'excès d'huile ou de graisse qui, sans cela, séjournerait dans la pompe ou dans le tuyau, et serait projeté dans la chambre à air au premier coup de pompe.

TITRE II

~~~~~~~~~~

Guide de Route

—✳—

Voir Légende des Signes conventionnels
et Abréviations page 6.

ALGER (MUSTAPHA)

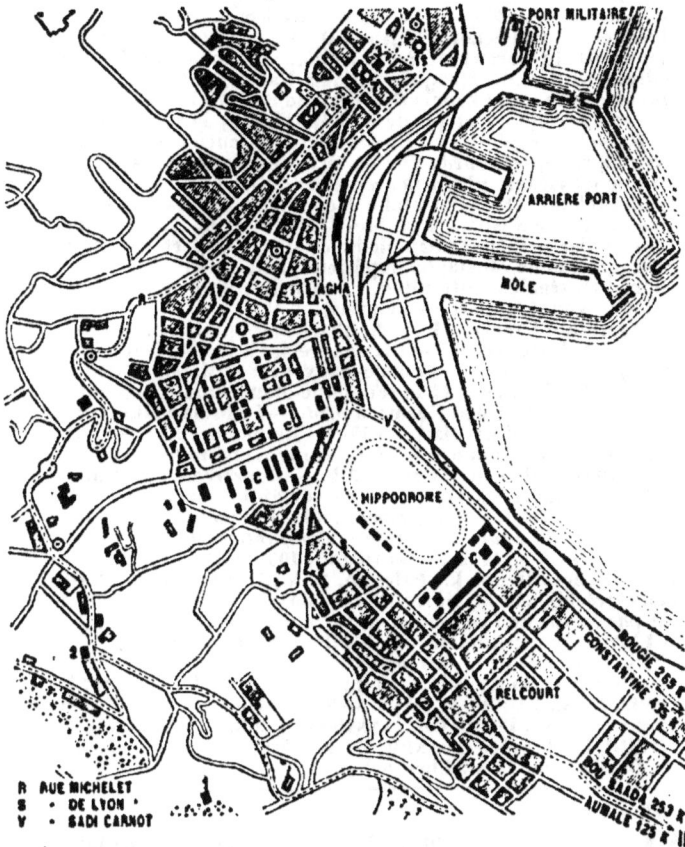

R · RUE MICHELET
S · DE LYON
V · SADI CARNOT

Petites Exc. : 1° 64 k., Cap Matifou et Aïn Taya; par Hussein-Dey, Fort de l'Eau; retour par Rouiba, Maison-Carrée, Kouba et Birmandreïs. — 2° 80 k., Fondouk, 83 k. par La Maison-Blanche (Ascension du Bou-Zegza à pied); retour par L'Arba et La Maison-Carrée). — 3° 76 k., Rovigo, Hammam-Melouan, par La Maison-Carrée, L'Arba; retour par Sidi-Moussa, Kouba.

ALGER (Alger), ⒺⒷ, 96,512 h., ⛴ ✉ ⚓ ☎

Voir : Le Port; Cath. St-Philippe, XIXᵉ s.; *pl. Malakoff;* Palais de l'Archevêché, *pl. Malakoff;* Palais du Gouverneur, *pl. Mala-koff;* Bibliothèque nationale, *r. de l'Etat-Major;* Hôtel de ville, *boul. de la République;* Palais de justice, *r. de la Liberté;* Mosquée de la Pêcherie (Djama-Djedid), XVIIᵉ s. (chaire et manuscrit du Coran), *r. de la Marine;* Manufacture de tapis indigènes; Grande Mosquée (Djama-Kabir), XIᵉ s., *r. de la Marine;* Mosquée et Zaouia (tombeau de Sidi-Abd-el-Rachmam), *r. Marengo;* square et pl. de la République; Jardin Marengo, *av. Bab-el-Oued;* église N.-D.-des-Victoires (ancienne mosquée), XVIIᵉ s., *r. Bab-el-Oued;* Vieilles maisons mauresques; Statue du duc d'Orléans, *pl. du Gouvernement;* Grand Théâtre, *pl. de la République;* La ville arabe (ses ruelles en escaliers, ses mosquées); La Kasbah; Egl. Ste-Croix, *r. de la Victoire;* Couvent du Sacré-Cœur; Chapelle Ecossaise; Villas et Jardins de St-Eugène et de Mustapha supérieur; Palais d'été du Gouverneur et Musée des Antiquités, *r. Michelet;* Bois de Boulogne; Colonne Voirol (superbe panorama).

Env. : Jardin d'Essai ∗, 5 k.; — Kouba, 8 k. (Superbe panor.) stat. du général Margueritte; — Birmandreïs, 8 k.; à 4 k., le Ruisseau (et *à pied* le ravin de la Femme-Sauvage); — Marabout de Sidi Yahia ∗; — 11 k. (Fontaine Mauresque); — Kadous, 10 k. (Ravin de l'Oued Kerma, *à pied);* — Le Frais Vallon ∗, 8 k. (*à pied* à partir d'El Biar); — Fort-l'Empereur, 3 k. (Superbe panor.); — Ben Aknoun, 8 k. (Jolie rte très ombragée); — N.-D. d'Afrique et Vallée des Consuls, 3 k.; — Bouzaréa ∗, 9 k. (Village indigène, superbe panor.), mosquée de Sidi Nouman; — Pointe Pescade, 7 k., et forêt de Baïnen ∗, 9 k. (Joli panor. sur la mer).

S. I *par la r. de Sadi-Carnot, la r. Constantine et la R. N. nᵒ 5 :*
1ᵒ *via* Ménerville, 54 k., TIZI-OUZOU, 105 k.: BOUGIE, 288 k. — 2ᵒ *via* Ménerville, 54 k.; Palestro, 79 k.; Bouïra, 125 k.; Bordj-bou-Arréridj, 243 k.; SÉTIF, 308 k.; CONSTANTINE, 435 k.

S. II *par la rue de Lyon* (S) *et la route d'Aumale :*
Via L'Arba, 30 k.; Aumale, 125 k.; Bou-Saada, 253 k.

S. III *par la route de la Kasbah et la R. D. nᵒ 5 :*
1ᵒ *via* Boufarik, 35 k.; Blida, 49 k.; MÉDÉA, 91 k.; Boghari, 167 k.; Djelfa, 332 k.; LAGHOUAT, 444 k. — 2ᵒ *via* Boufarik, 35 k.; Blida, 49 k.; MILIANA, 132 k.; ORLÉANSVILLE, 229 k.; Relizane, 318 k.; L'Hillil, 237 k.; MOSTAGANEM, 376 k.; ORAN, 465 k. — 3ᵒ *via* Koléa-Castiglione, 45 k.; Cherchell, 101 k.

Petites Exc. *(suite)*

4ᵒ ∗ 134 k. Blida et les Gorges de la Chiffa ; par Boufarik (Visite des Gorges et du Ruisseau des Singes); retour par L'Arba. — 5ᵒ 93 k. Koléa par Saint-Eugène, Staouéli, Zeralda; retour par Ouled Fayet, El Biar. — 6ᵒ ∗ 219 k. Cherchell, Tipaza et Tombeau de la Chrétienne (une journée). Partir par Boufarik, Blida, Marengo, Cherchell, Tipaza, Montebello (de là, à pied au tombeau); Retour par Castiglione, Staouéli et Guyotville.

Echelle

ALGER (VILLE)

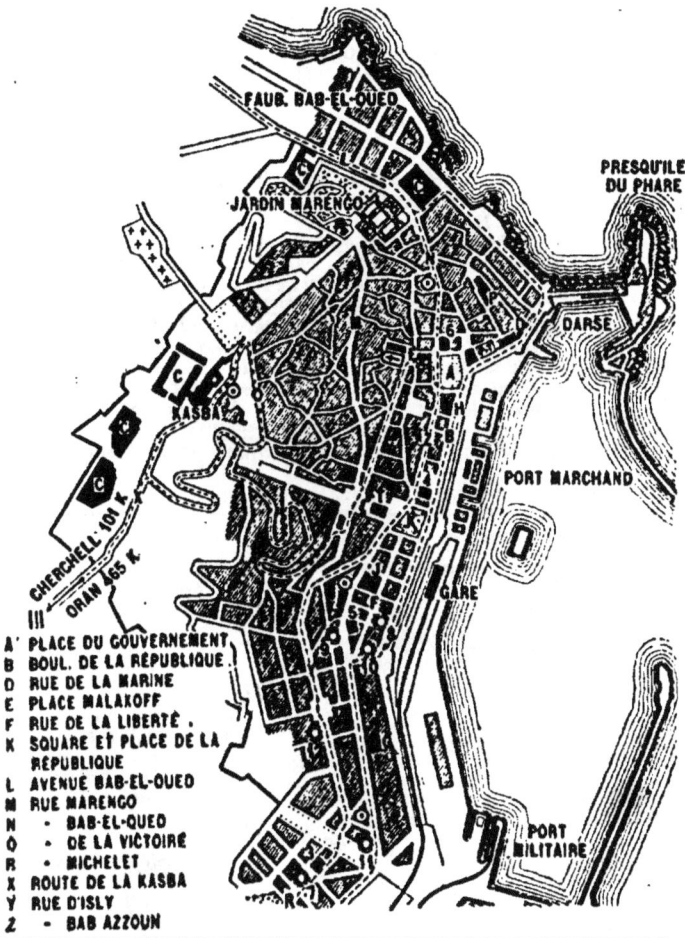

A' PLACE DU GOUVERNEMENT
B BOUL. DE LA RÉPUBLIQUE
D RUE DE LA MARINE
E PLACE MALAKOFF
F RUE DE LA LIBERTÉ
K SQUARE ET PLACE DE LA
   RÉPUBLIQUE
L AVENUE BAB-EL-OUED
M RUE MARENGO
N   «   BAB-EL-OUED
O   «   DE LA VICTOIRE
R   «   MICHELET
X ROUTE DE LA KASBA
Y RUE D'ISLY
Z   «   BAB AZZOUN

Grandes Excursions :

1° Exc. circ. : 399 k. Boufarik, Blida, Médéa, Boghari, Aumale, L'Arba. — D'Alger à Boufarik, *bonne rte emp.* A Ouled-Mendil, 10 k. avant Boufarik, descente en lacets des hauteurs du Sahel, dans la plaine de la Mitidja. — Après Médéa, forte montée et descente au passage du col de Ben-Chicao. — De Boghari à Aumale *rte en achèvement.*
D'Aumale à Alger, *bonne route empierrée, rampes accentuées.*

2° Exc. circ. : 705 k. Boghari, Djelfa, Bou Saada, Aumale. D'Alger à Boghari (voir 1° exc.). De Boghari à Djelfa, *bonne route en montées* d'Aïn-Oussera à Guelt-es-Stel, puis en *pente douce.* — De Djelfa à Bou-Saada, *piste carr.*, assez bonne sauf sur les 25 k. précédant Bou-Saada qui sont accidentés.
De Bou Saada à Aumale, *bonne piste*, emp. sur 39 k. avant Aumale. — D'Aumale à Alger (voir 1° exc.).
De Djelfa on peut aller à Laghouat et au Mzab, exc. fort intéressante, mais peu recommandée, en raison de l'état des routes.

ALGER (suite)

Comité Algérien de Propagande et d'Hivernage, *rue Combe, 1, et galerie Duchassaing, 2 (place du Gouvernement)*.

Automobile-Club d'Algérie et Cercle des Sports, 23, *boul. Carnot*.

- ✦✦✦ (1) Mustapha-Palace-Hôtel, *Mustapha, rue Michelet.* (vne) (*S. de B.*) (wc) ◇ 2 ⊔ TÉLÉPH.
- — ✦✦✦ (2) Grand Hôtel St-Georges (*Mustapha*), *rue Michelet.*
- — ✦✦✦ (3) Excelsior-Hôtel, *rue d'Isly.*
- — ✦✦✦ (4) Grand Hôtel de l'Oasis, *boulevard de la République.* (*S. de B.*) (wc) ◇ TÉLÉPH.
- — ✦✦ (5) Nouvel Hôtel du Palmier, *rue Arago, 6.* TCF (*S. de B.*) (wc) ◇ TÉLÉPH. n° 5-54.
- — ✦✦ (6) de la Régence, *square de la Régence.* TCF (vne) (*S. de B.*) (wc) ◇ TÉLÉPH.
- (10) Stock-Michelin **Gérin**, *rue de la Liberté, 28, boulevard Carnot, 12. Agent de :* DE DION, RENAULT et DIETRICH. 50 ⊔ Ⓔ ‹W› TÉLÉPH.
- — (7) Stock Michelin **Carrier et Rey**, *rue de l'Isly, 73. Agent de :* DELAHAYE. 50 ⊔ Ⓔ ‹W› TÉLÉPH.
- — (8) Stock Michelin **Le Gerriez**, *boulevard Carnot, 9. Agent de :* PEUGEOT. 30 ⊔ Ⓔ ‹W›
- — (9) Stock Michelin **Kuntz**, *rue de Constantine, 11. Agent de :* BRASIER. 5 ⊔ Ⓔ TÉLÉPH.
- — (11) Issanchou, *rue de Constantine, 137. Agent de :* BAYARD. 6 ⊔ Ⓔ
- — (12) Landart, *rue d'Isly, 32.* Cycles.

Grandes Excursions (suite)

3° Exc. circ. : 375 k. Ménerville Tizi-Ouzou, Bouïra et Palestro. D'Alger à Tizi-Ouzou, *bonne rte, roul., ond. dure après* Ménerville et avant Tizi-Ouzou. — De Tizi-Ouzou à Bouïra, *rte emp., tr.dure.* — De Bouïra à Alger, *dure.* A Palestro gorges, *pitt.*

4° Exc. circ. : 674 k. Tizi-Ouzou, Bordj-bou-Arréridj, Bou-Saada, Aumale. D'Alger à Tizi-Ouzou (voir exc. n° 3). — De Tizi-Ouzou à Bordj-bou-Arréridj, par Fort-National, *bonne rte emp. dure.* — De Bordj-bou-Arréridj à Bou-Saada, *rte emp. sur 100 k., bonne piste par temps sec sur 29 k. avant* Bou-Saada. — De Bou-Saada à Aumale (voir exc. n° 2). — D'Aumale à Alger (voir 1° exc.).

CONSTANTINE

A RUE MORLAND
B   » NATIONALE
D   » CONDE
E PLACE DES GALETTES
F   » DE NEGRIER
K   » DU PALAIS
L BOUL. DE L'OUEST
M ESPLANADE VALÉE
N CHEMIN DES TOURISTES
O PLACE DE LA BRÈCHE
R RUE PERRÉGAUX
S   » DES ZOUAVES
V   » DE FRANCE
X   » DANRÉMONT
Y   » DESBOYENS
Z   » D'AUMALE

Grandes Excursions :

1° **Exc. circ. :** 360 k. Guelma, Bône, Jemmapes, Philippeville, Condé-Smendou. — De Constantine à Guelma, *bonne rte. dure, sin.. en montagne.* — De Guelma à Bône, *bonne rte emp. t. dure* au col de Fedjoudji. — De Bône à Philippeville, *bonne rte emp. dure et sin.,* après Jemmapes, puis en plaine. — De Philippeville à Constantine, *bonne rte emp. t. dure sin.*

CONSTANTINE (Constantine), P., 41,138 h., ⚙ ⊠ ✝ ▦
Voir : Marabout, r. *Morland;* Gde Mosquée, r. *Nationale;* Mosquée de Sidi-Lakhdar, r. *Combe;* quartier Juif, *pl. des Galettes;* Mosquée de Salah-Bey, *pl. de Négrier;* Cath. N.-D.-des-
Sept-Douleurs, *pl. du Palais;* Palais d'Hadj-Ahmed, *pl. du
Palais;* Hôtel de Ville (Salle des Marbres et Musée), *boul. de
l'Ouest;* Gorges du Rhummel ✶.
Env. : Plateau de Mansoura ✶, jolie vue sur Constantine. — Pépi-
nière et Arcades romaines, restes d'un aqueduc antique; — Rte
de la Corniche et le Hamma ✶; — le Djebel-Ouach (8 k.) ✶;
— le Kheneg, site très pitt. par ses ruines et son ravin; —
El Héri, mausolée des Lollius, II⁰ s.; — rte d'Aïn-el-Bey
(7 k.) ; — le Chettaba, Ruines; — Grottes des Martyrs.
S. I *par la rue Nationale* (B) *et la route de la Corniche :*
Via Condé-Smendou, 29 k., St-Charles, 38 k. *Bif.* PHILIPPE-
VILLE, 81 k. BÔNE, 93 k.
S. II *par la rue Nationale* (B) *et la route de Batna :*
1° *Via* Guelma, 112 k. *Bif.* BONE, 186 k. — SOUK-AHRAS, 185 k.
2° *via* Sigus, 38 k., Aïn-Beïda, 111 k., La Meskiana, 148 k.,
TEBESSA, 200 k.. — 3° *via* Batna, 119 k., El Kantara, 183 k.,
BISKRA, 235 k.
S. III *par la place de la Brèche, les squares et la route de Sétif :*
1° *Via* Sétif, 127 k., Bord-bou-Arréridj, 192 k., Bouïra, 310 k.,
Palestro, 356 k., Ménerville, 381 k., ALGER, 435 k. — 2° *via*
Sétif, 127 k., BOUGIE, 241 k.
S. IV *via* Zéraïa, 63 k., DJIDJELLI, 161 k.
⚙ **(1)** ✶✶✶ Grand Hôtel, *rue Nationale, place de la Brèche.*(WC) ◇
— **(2)** ✶✶✶ Grand Hôtel de Paris et Royal Hôtel, *rue Nationale.*
TCF (WC) ◇ ▦ n° 45.
— **(3)** ✶✶ d'Orient et Saint-Georges, *rue Caraman.* (WC) ⬕
🔫 **(4) Stock Michelin Fournel,** *rue Nationale, 53. Agent de:*
BAYARD. ⬕ Ц Ⓔ ⟨⟨⟩⟩
— **(5) Gilbertes,** *rue Nationale, 12. Agent de :* PEUGEOT. ▣ Ц Ⓔ
— **(6) Plagnard,** *rue Nationale, 64. Cycles.*
— **(7) Terrier,** *rue d'Aumale, 1. Cycles.*

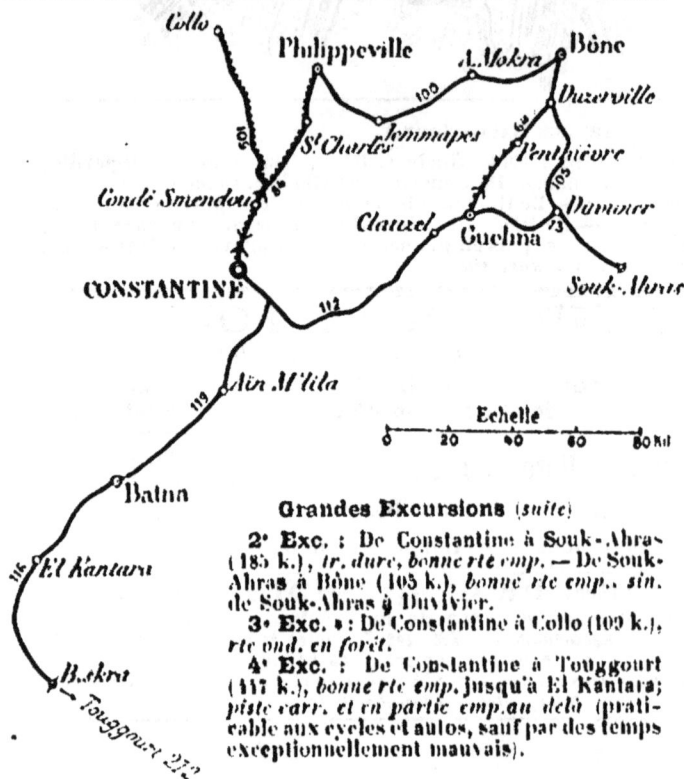

Echelle
0   20   40   60   80 kil

Grandes Excursions *(suite)*

2° Exc. : De Constantine à Souk-Ahras
(185 k.), *tr. dure, bonne rte emp.* — De Souk-
Ahras à Bône (105 k.), *bonne rte emp., sin.
de Souk-Ahras à Duvivier.*

3° Exc. ✶ : De Constantine à Collo (109 k.),
rte ond. en forêt.

4° Exc. : De Constantine à Touggourt
(117 k.), *bonne rte emp. jusqu'à El Kantara;
piste carr. et en partie emp. au delà (praticable aux cycles et autos, sauf par des temps
exceptionnellement mauvais).*

ORAN

A	PLACE D'ARMES
B	RUE D'ARZEW
D	BOUL. MAGENTA
E	PROMENADE DE L'ÉTANG
F	BOUL. MALAKOFF
K	PLACE DE LA RÉPUBLIQUE
L	RUE DE L'ARSENAL
M	" DU VIEUX CHATEAU
N	" DE MOSTAGANEM
O	BOUL. NATIONAL
R	PLACE KLÉBER
S	RUE DES JARDINS
V	PLACE ET BOUL. SEBASTOPOL
X	RUE DE L'ÉVÊCHÉ
Y	BOUL. SEGUIN
Z	RUE DES CASERNES

Grandes Excursions :

1° Exc. circ. : 269 k. Arzeu, Mostaganem, Mascara, Saint-Denis-du-Sig. D'Oran à Arzeu, *bonne route.* — D'Arzeu à Mostaganem, *bonne route plate, pittoresque* à Port-aux-Poules ; *dure* 6 °/° à Ouéra, *dure* avant Mazagran. — De Mostaganem à Mascara, *bonne route* jusqu'à L'Hillil ; *piste non empierrée*, à partir d'El Bordj, *forte montée à* Aïn-Farès.

De Mascara à Saint-Denis-du-Sig, *bonne route, sinueuse, rampe* dite de Crève-Cœur, longue de 10 k., avec pentes de 5 à 6 °/°.

2° Exc. circ. : 332 k. Mascara, Sidi-Bel-Abbès, Aïn-Temouchent, Lourmel. D'Oran à Mascara (voir 1° exc.). De Mascara à Mercier-Lacombe, *assez bonne route, dure,* passant sur un plateau en pente au pied du Dj. Amama à Aïn-Fekan. — De Mercier-Lacombe à Aïn-Temouchent, *bonne route.* — D'Aïn-Temouchent à Oran, *bonne route empierrée* jusqu'à Sidi-Bel-Abbès.

3° Exc. : Tlemcen 140 k. D'Oran à Aïn-Temouchent (voir 2° exc.). — D'Aïn-Temouchent à Tlemcen, *bonne route emp. très dure.*

ORAN (Oran), [P], 87,801 h., [symbols]

Voir : Hôtel de Ville et Colonne commémorative de Sidi-Brahim, *pl. d'Armes;* Eglise du St-Esprit, *r. d'Arzeu;* Nouv. Cath., *boul. Magenta;* Synagogue, *boul. Magenta;* Château-Neuf et promenade de Létang; Mosquée du Pacha, *r. de la Mosquée;* fontaine Aucour, Musée Demaeght, *pl. de la République;* Egl. St-Louis, *r. de l'Arsenal;* vieilles Maisons espagnoles, *r. du Vieux-Château;* vieille Kasbah, *pl. des Quinconces et r. du Vieux-Château;* le Port.

Env. : Bains de Reine (3 k.), Etabliss¹ thermal, Grotte; — Mers-el-Kebir (8 k.), très pitt., très beau Port; — la Santa-Cruz, très jolie vue sur Oran; — le Moudjajo, très joli panor.; — Phare du cap Falcon (20 k.), un des feux les plus puissants de l'Algérie, belle vue sur la baie des Andalouses; — Misserghin * (15 k.), ravin de la Vierge.

S. I *par la rue de Mostaganem et la R. N. n° 4 :*
Via Arzeu, 42 k. (*très pitt.*), Mostaganem, 89 k., l'Hillil, 128 k., Relizane, 147 k., Orléansville, 236 k., Miliana, 333 k., Blida, 416 k., Bouffarik, 430 k., ALGER, 465 k.

S. II *par le boulevard National (O), le boulevard de Mascara et la R. D. n° 8 :*
1° *Via* Saint-Denis-du-Sig, 53 k., Mascara, 99 k. Bif. TIARET, 210 k. FRENDA, 207 k. — GÉRYVILLE, 337 k. — 2° *via* Saint-Denis-du-Sig, 53 k., Mascara, 99 k., Saïda, 172 k., le Kreider, 254 k., Mecheria, 338 k., AÏN-SEFRA, 445 k.

S. III *par le boulevard National (O) et la R. N. n° 2 :*
Via Aïn-Temouchent, 73 k. Bif.: TLEMCEN, 110 k. — RACHGOUN, 115 k.

[symbol] (1) ** Grand Hôtel Continental, *boulevard Séguin.* (S. de B.) (wc) ◇ [symbol]
— (2) ** Victor, *rue d'Arzeu,* 5. (wc) [symbol]
— (3) * de l'Europe, *boulevard Charlemagne.*
— (4) * Métropole, *place Kléber.* (wc) [symbol]
[symbol] (5) **Stock Michelin L'Universelle (Schmitt, D¹),** *rue d'Arzeu,* 60. [symbols]
— (6) Serviès, *boulevard Séguin,* 48. [symbols]
— (7) Trant, *rue de la Paix,* 18. [symbols]
— (8) Carrié, *rue Cavaignac,* 3. [symbols]
— (9) Cherrier, *boulevard National,* 10. [symbols]
— (10) Gérin, *boulevard du Lycée,* 3. Cycles.
— (11) Grignon, *boulevard Malakoff,* 21. Cycles.

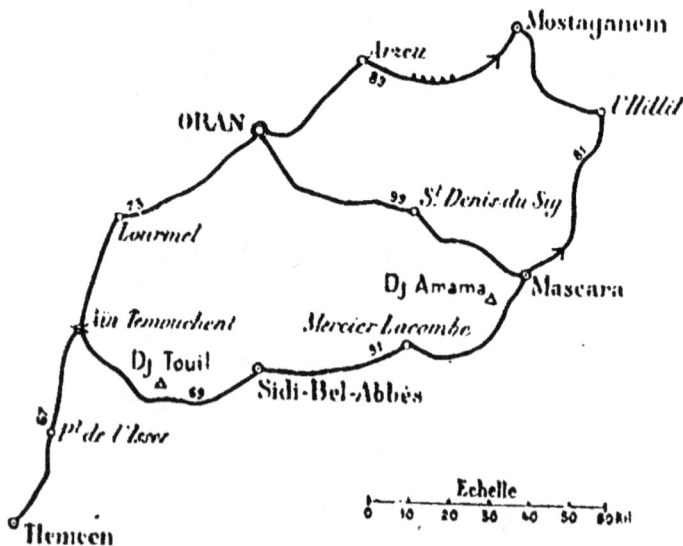

Echelle

TUNIS (ENVIRONS)

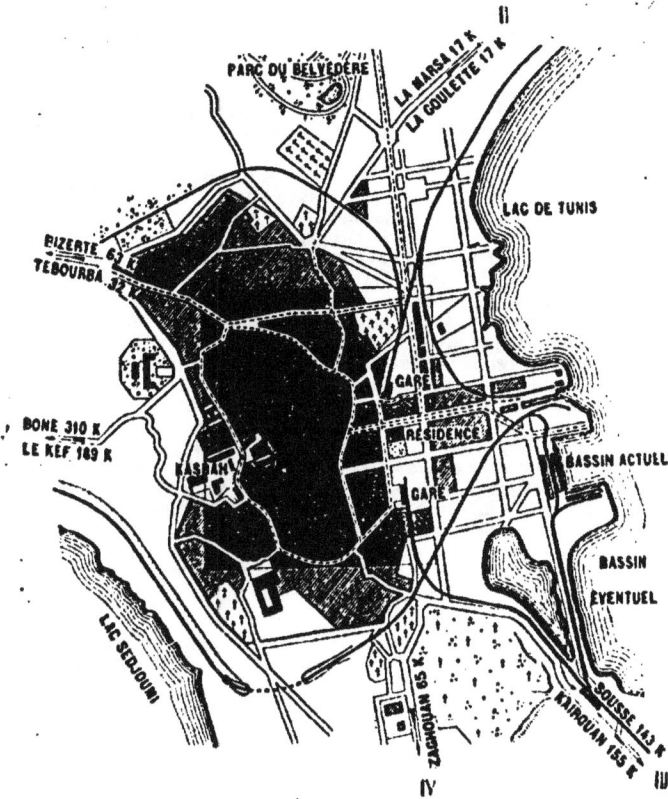

TUNIS (Régence de Tunis), 135,000 h., 🚂 ✉ ⚓ TELEPH

Voir : Porte de France, *av. de France*; Grande Mosquée, *r. de l'Eglise*; Souks, Mosquée de Sidi-Ajoussef, *r. Sidi-ben-Ziad*; Mosquée de Sidi-ben-Ahous, *r. de la Kasbah*; Dar-el-Bey, *pl. de la Kasbah*; Kasbah; Mosquée de la Kasbah, vii⁰ s.; Palais de Justice, *boul. Bab-Bénat*; Hôtel de la Division, *r. du Château*; Mosquée d'El Ksar, xi⁰ et xii⁰ s., *r. du Château*; belle Fontaine et belle Mosquée Halfouine; Marché; Hôtel des Postes; Casino; Théâtre, *av. de la Marine*; le Port; Lac de Tunis.

Env. : Parc du Belvédère, Jardin d'Essai, Le Bardo (2 k.), appartements beylicaux et le Musée Ahoui, Orangerie de Kassar-Saïd, la Manouba; — l'Ariana (6 k.), Jardins, population indigène très intéressante; — Mégrine (6 k.).

S. I par la r. et la pl. Bab-bou-Saadoun (Y) *et la rte du Bardo :*
1⁰ *Via* Tebourba, 32 k., Mateur, 61 k.; BIZERTE, 116 k. — 2⁰ BI-
ZERTE, 63 k. (*directement par Fondouk*).

S. II par la rue Bab-el-Khadra (X) *et la route de la Goulette :*
1⁰ LA MARSA, 17 k. — 2⁰ CARTHAGE, 17 k. — 3⁰ LA GOULETTE, 17 k.

S. III par l'avenue de Carthage (Y) *et la route de Gabès :*
Via Bir-bou-Rekba, 60 k., Enfidaville, 96 k. — Bif.: SOUSSE, 143 k.;
SFAX, 284 k.; GABÈS, 420 k. — KAIROUAN, 155 k.

S. IV par l'avenue de Carthage *et les abattoirs :*
Via Créteville, 20 k., Sainte-Marie-du-Zit, 49 k.; ZAGHOUAN, 65 k.

S. V par la r. et la pl. Bab-el-Allouch (S) *et la rte de Medjez-el-Bab :*
1⁰ *Via* Medjez-el-Bab, 57 k., Testour, 77 k., Teboursouk, 102 k.;
LE KEF, 189 k. — BONE, 393 k. — 2⁰ *via* Medjez-el-Bab, 57 k.,
Béja, 101 k., Tabarka, 174 k., La Calle, 224 k.; BONE, 310 k. —
CONSTANTINE, 496 k.

Petites Exc. : 1⁰ 68 k. Le Bardo, El-Batan, Bordj el Amri. — Saint-Cyprien,

2⁰ 53 k. La Marsa, Sidi-Bou-Saïd (phare, village indigène très pitt.; panor. splendide), Carthage, Mascula-Radès, Hammam-Sif. — Route de Créteville.

3⁰ 118 k. Bab-el-Fellah, lac Sedjoumi, Mohamédia, Zaghouan. — Sainte-Marie-du-Zit. Créteville.

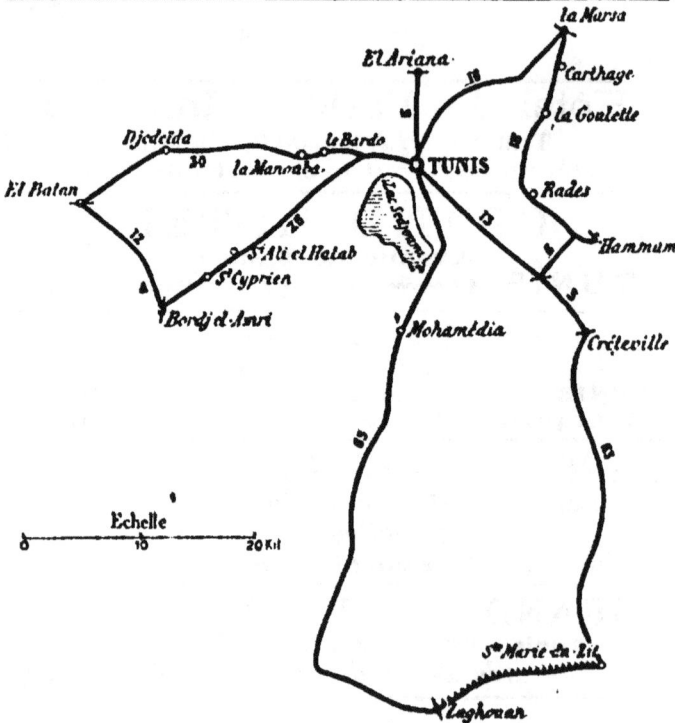

TUNIS (VILLE)

A RÉSIDENCE
B DAR EL BEY
D AVENUE DE FRANCE
E RUE DE L'ÉGLISE
F   »   DE LA KASBAH
K   »   DU CHATEAU
L   »   HALFOUINE
M AVENUE DE LA MARINE
N RUE DE DJAZIRA

O   »   D'ITALIE
R   »   EL BADIRIA
S PLACE BAB-EL-ALLOUCH
V RUE ET PLACE BAB-BOU-
    SAADOUN
X RUE BAB-EL-KHADRA
Y AVENUE DE CARTHAGE
Z RUE BAB DJEDID

TUNIS *(suite)*

- (1) ••• Tunisia-Palace-Hôtel, *avenue de Carthage.*(vnc)(*S.deB.*) (wc) ◇ TELEPH
- — (2) ••• Grand-Hôtel, *avenue de France*, *13.* TCF (*S. de B.*) (wc)
- — (3) ••• de Paris et Impérial, *boulevard Djezira, 23.* (*S. de B.*) (wc) ◇ TELEPH
- — (4) ••• Gd Hôtel de France, *r. Léon-Roches.* (*S. de B.*) (wc) ◇ TELEPH
- — (5) •• Grand Hôtel Moderne, *rue de Constantine.* (*S. de B.*) (wc) ◇ TELEPH
- ☞ (6) **Stock Michelin Auto-Palace (de Farconnet et Bouvier),** *rue d'Autriche prolongée, 3. Stock et Agents :* DE DION, DIETRICH ET DARRACQ. 20 ∪ Ⓔ ⟨⟩ TELEPH
- — (7) Peyrard, *rue d'Angleterre. Agent de :* PEUGEOT. [8] TELEPH
- — (8) Central Garage de Tunis, *rue de Rome, 11.* 💡 ∪ Ⓔ ⟨⟩ TELEPH
- — (9) Morin, *avenue Jules-Ferry, 45. Agent de :* BRASIER. [4] Ⓔ
- — (10) Moulin, *avenue Jules-Ferry, 57*, cycles.
- — (11) Fayotte, *rue d'Italie, 27*, cycles.
- — (12) Miccalef, *rue d'Italie, 11*, cycles.

Grandes Excursions :

1° Exc. circ. : Medjez-el-Bab, Aïn-Tounga, Le Kef, Tabarka et Béja. De Tunis au Kef *assez bonne route emp., dure.* Après 11 k. traverser le Medjerda et suivre la rive droite. Avant Aïn-Tounga, *rte dure, sin., long. et forte desc. Montée continue et dure* jusqu'à Teboursouk. (Exc. à Dougga et au Djebel Gorra.) Vallées de l'Oued Kalled, de l'Oued Tessa, de l'Oued Guersa, et défilé du Khanguet-el-Kedine, *rte dure* avant le Kef. Du Kef à Souk-el-Arba, *bonne rte emp., dure, ond., sin.* De Souk-el-Arba à Tabarka, *bonne rte emp., tr. dure et sin.* A Mailletville, belle vue. Au delà, *desc. très rapide* (région forestière), *tr. pitt.* à Aïn-Draham et Aïn-Babouch.
De Tabarka à Medjez-el-Bab, *bonne rte emp. dure, ond.* Sauf de Béja au Khanguet, où les transports des minerais défoncent la route.
2° Exc. : 116 km. Bizerte par Mateur, *rte emp., ond., achevée* de Tunis à Djedeïda, et de Mateur à Bizerte. De Djedeïda à Mateur *rte non achevée.* De Bizerte : 63 k., *rte directe emp.* pour revenir sur Tunis par Menzel-Djemil et la Sebala.

3° Exc. circ. : 201 k. Sousse et Kairouan. De Tunis à Sousse, *bonne rte emp., pl., ond.* De Sousse à Kairouan, *bonne rte emp. bif.* à Msaken.
De Sousse, 141 k., on peut aller à Sfax par El-Djem. *Bonne rte emp., pl.* De El-Djem, 107 k., on peut revenir à Sousse par Mehdia et Monastir, en suivant d'assez près la mer. De El-Djem à Mehdia, *rte emp.* De Mehdia à Sousse •, *bonne rte, ond.*

NOMENCLATURE DES VILLES SANS PLANS

Par ordre alphabétique.

Aïn-Babouch (Tunisie), ☒ ✝
BÉJA, 93 k. — TUNIS ◉ 191 k. — LE KEF, 95 k. — BÔNE ◉ 116 k.

Aïn-Madhi (Oran), ksar fortifié.
Voir : Enceinte; Jardins; Mosquée.
LAGHOUAT, 60 k. — MÉDÉA, 353 k. — ALGER ◉ 411 k. — Zenina, 120 k.

Aïn-M'Lila (Constantine), ☾, 762 h., 🚂 Est-Algérien, ☒ ✝
Chasse sur les lacs.
BATNA, ◉ 71 k. — CONSTANTINE ◉ 42 k. — GUELMA, 120 k.
🏨 • de France.

Aïn-Sefra (Oran), ☾, 120 h., 🚂 État, ☒ ✝
Voir : Ksar; Redoute adossée aux Dunes, d'un rouge très pittoresque.
Env. : Ascension du Ras-Chergui (2,061 m.) (*Sentiers muletiers*); Tiout, 16 k., Oasis très pittoresque; Gravures rupestres.
Mecheria, 107 k. (*rte dure*); MASCARA, 316 k. — ORAN ◉ 415 k.
🏨 • de France.

Aïn-Taya-les-Bains (Alger), 619 h., ☒ ✝
Env. : Très jolie plage de sable; Belle vue; Agréables promenades.
TIZI-OUZOU, 81 k. — MÉDÉA, 104 k. — ALGER ◉ 21 k.
🏨 • de la Poste.

Aïn-Temouchent (Oran). ☾, 6,377 h., 🚂 Ouest-Algérien, ☒ ✝
🏛
ORAN ◉ 73 k. — SIDI-BEL-ABBÈS, 69 k. (*rte pitt.*) — TLEMCEN, 67 k. — Rachgoun, 42 k.
🏨 • d'Orient.

Arba (l') (Alger), ☾, 1,652 h., 🚂 ☒ ✝
Voir : Bois de Boulogne.
Env. : Rovigo, 6 k. — Bains chauds d'Hammam-Melouan, 12 k. Rivière de l'Harrach.
ALGER ◉ 30 k. (*rte pitt.*) — TIZI-OUZOU, 100 k. — MÉDÉA, 71 k. MILIANA, 115 k.
🏨 • des Etrangers.

Arzeu (Oran), ☾, 4,240 h., 🚂 ☒ ✝
Voir: Église; le Port.
Env. : Salines du lac salé de El-Melah, 20 k. — Saint-Leu, 7 k. — Ruines romaines; vieil Arzeu; Citernes.
MOSTAGANEM, 47 k. (*bonne rte empierrée*). — MASCARA, 88 k. — SIDI-BEL.-ABBÈS, 104 k. — ORAN ◉ 42 k.
🏨 • Grand Hôtel des Bains.
— • Grand Hôtel de la Nièvre.

Aumale (Alger), ☾, 2,115 h., ☒ ✝, ancienne ville romaine (Auzia).
Voir : Place principale du Quartier militaire; Collection de pierres tombales romaines et inscriptions latines; Jardin public.
Env. : Rapidi, ruines romaines.
TIZI-OUZOU, 190 k. — MÉDÉA, 111 k. — ALGER ◉ 125 k.
🏨 • Chevalier.
🚃 Blondel.

Batna (Constantine), 🚉, 4,729 h., 🚂 Est-Algérien, ☒ ✝
Voir : La Prairie; Musée archéologique.
Env. : Forêts de cèdres; Massif de Touggourt et du Chellala très pittoresques. — Rte médiocre sur 11 k. jusqu'à la Maison forestière. Sentiers muletiers conduisant aux sommets. Magnifique panorama.

Batna (*suite*).

1° *via* Aïn-M'Lila, 71 k. *bif.*: CONSTANTINE ⊚ 119 k.; GUELMA, 183 k.
  2° *via* Timgad, 37 k. (*rte empierrée, en bon état, dure*); Krenchela,
  104 k. — 3° *via* El Kantara, 64 k. (*rte empierrée, en bon état*). Biskra, 116 k. — SÉTIF ⊚ 118 k. (*Piste médiocre*).

Exc.: Col de Talmet, 21 k. et plaine de Bellezma, 50 k. (*rte pittoresque et assez bonne depuis la Maison forestière, mais très
  dure, 11 0/0*).

🏨 ⁕⁕ des Étrangers. ◇

🖝 Stock Michelin **Zito**, rue de Constantine Ⓔ.
  — Chevalier.

Béja (Tunisie), 12,000 h., 🚋 ⊠ ⚲
  Voir: Bab-el-Aïn (porte antique); Marché.
  Env.: Pont de Trajan, 14 k.; Pont de pierre, II° s., et Poste
  romain, II° s.
  1° *via* Medjez-el-Bab, 44 k.; Tebourba, 76 k.; Mateur, 105 k.;
  BIZERTE, 160 k. — 2° *via* Medjez-el-Bab, 44 k.; TUNIS ⊚ 101 k. —
  3° *via* Teboursouk, 42 k.; LE KEF, 109 k. — 4° *via* Tabarka,
  73 k.; La Calle, 123 k.; BÔNE ⊚ 209 k.
  🏨 ⁕ de France, Rouquerol.
  — ⁕ Quadratus.
  — ⁕ Grand Hôtel Rouland.
  🖝 Jarry et Galinié.

Bir-bou-Rekba (Tunisie), 🚋 ⚲ (gare).
  Env.: Ruines de Ksar-er-Zit (anc. Siagu), 1 k. — Thermes, Aque-
  duc, Citadelle byzantine, Basilique chrétienne avec tour carrée;
  Ruines romaines de Putput, Amphithéâtre, Théâtre, Thermes,
  Citadelle.
  SOUSSE, 83 k. — TUNIS ⊚ 60 k.

Biskra (Constantine), Ⓒ, 3,550 h., 🚋 de Biskra à Philippeville,
  ⊠ ⚲.
  Voir: Jardin Dufourg; Hôtel de Ville; Casino; Vieux fort turc;
  le vieux Biskra; Oasis; Jardin; la Ville indigène (marché pittoresque); Parc Landon.
  Env.: Fontaine sulfureuse d'Hammam Salahin, 8 kil.; Oasis de
  Sidi-Okba (Mosquée), 20 k. (*Bonne piste*); Sources et Dunes
  d'Oumache, 20 k. (*Piste médiocre*); Oasis de Chetma, 8 k. (*Assez
  bonne piste*); Mehouneche; Ascension de l'Amar Khaddou et
  gorges de l'El Abbiod (*Piste muletière*).
  BATNA ⊚ 116 k. — CONSTANTINE ⊚ 235 k. (*rte empierrée en bon
  état*). — Touggourt, 212 k.
  Exo.: Oasis d'Olga, 40 k. et d'Ouled Djellal, 95 k. (*Piste carrossable*).
  🏨 ⁕⁕ de l'Oasis. TCF
  — ⁕ des Zibans. TCF
  — ⁕ Dar-Diaf.

Bizerte (Tunisie), 9,000 h., 🚋 de Tunis à Bizerte, ⊠ ⚲ 🏧
  Voir: Kasbah; Sanctuaire consacré à Bordj-Sidi-Hani; le Port;
  Lac de Bizerte.
  Env.: Ruines d'Utique, Amphithéâtre, Citernes, Cité Punique;
  Porto-Farina; Village arabe de Mat-liné.
  1° TUNIS ⊚ 63 k. — 2° *via* Mateur, 55 k.; Tebourba, 84 k. (*rte
  empierrée*); TUNIS ⊚ 116 k. — 3° *via* Mateur, 55 k., Tebourba,
  84 k. (*rte empierrée*); Medjez-el-Bab, 116 k. (*rte empierrée*); Tes-
  tour, 136 k. (*Dure*); Teboursouk, 161 k.; LE KEF, 228 k. — 4° *via*
  Mateur, 55 k.; Tebourba, 84 k. (*rte empierrée*); Medjez-el-Bab,
  116 k. (*rte empierrée*); BÉJA, 160 k.
  🏨 ⁕⁕ Grand-Hôtel, *place de l'Europe*. (S. de B.) (wc) ◇ 🛢 ⟪⟫
  🏧
  — ⁕⁕ de la Paix, *rues d'Athènes et d'Espagne*. (wc) 🛢 *gratuit* Ⓔ
  🏧
  🖝 Boury, fils aîné, *avenue d'Algérie*, cycles.

Blida (Alger), Ⓒ, 16,198 h., 🚋 P.-L.-M. ⊠ ⚲ 🏧
  Voir: Mosquée; Jardin Bizot; Bois-Sacré; les Orangeries; Val-
  lée de l'Oued-el-Kébir.
  Env.: Bois d'oliviers centenaires, 1 k.; Cimetière d'El-Kebir, 3 k.,
  Tombeau de la Chrétienne; Cascade de Souma, 8 k.; Gorges
  de la Chiffa; Ruisseau des Singes, 15 k.; Ascensions de l'Abd-el-
  Kader (1629ᵐ) (6 à 7 h.), du Feroutkobra (1497ᵐ) et du Mouzaïa
  (1604ᵐ).
  ALGER ⊚ 49 k. — TIZI-OUZOU, 132 k. — MILIANA, 83 k. — Cher-
  chell, 66 k.

Blida (*suite*).
- ▲ ** d'Orient, *place d'Armes*. (*S. de B.*) (wc) ◇ 4 📞
- — * Géronde, *boulevard Trumelet*. (*S. de B.*) (wc) 📞
- 🔧 Perrin, *place d'Armes*. ⊔ Ⓔ
- — Bagnères Fils, *rue Carnot*, cycles, Ⓔ
- — Thiébaut Aîné, *boulevard Trumelet*, cycles Ⓔ
- ◄W► Geraud, minotier, 110 volts (la nuit seulement).

Boghari (Alger), Ⓒ, 679 h., ✉ ☎
Voir : le Ksar.
Médéa, 76 k. — ALGER Ⓠ 167 k. — Aumale, 107 k. — Djella, 165 k.
Chellala, 96 k.
▲ * Célestin.

Bône (Constantine), ◄SP►, 32,288 h., 🚂 ✉ Constantine-Tunis, ☎ 📞
Voir : Mosquée Djama-Bey; Statue de Thiers; Hôtel de ville;
Darse; Jardin Randon ; Théâtre; Eglise.
Env. : Hippone, 2 k.; Cap de Garde; Basilique de Saint-Augus-
tin (panorama de la plate-forme); Mosaïques romaines; Réservoirs romains; le Phare (point de vue superbe); les Santons (panorama de la ville); Saint-Cloud-les-Plages, par le chemin de
la Corniche, 4 k. (Batteries du Lion).
1° *via* La Calle, 68 k. (*rte en assez bon état*); Tabarka, 118 k.;
BÉJA, 191 k.; Medjez-el-Bab, 235 k.; TUNIS Ⓠ 292 k. — 2° *via*
Duvivier, 57 k. (*rte empierrée, en bon état*); Souk-Ahras, 115 k. (*rte
en bon état*); LE KEF, 215 k. — 3° *via* GUELMA, 64 k. (*rte empierrée
en bon état*), CONSTANTINE Ⓠ 176 k. — 4° *via* Aïn-Mokra, 31 k.,
Jemmapes, 70 k (*rte très pitt.*); PHILIPPEVILLE, 100 k.
▲ ** Grand Hôtel d'Orient, *cours Gérôme-Bertagne*. TCF (vnc)
(*S. de B.*) (wc) ◇
- — * Grand Hôtel Cramet, 6
- 🔧 Stock Michelin **Billion du Plan (W.)** (**Auto-Garage
Bônois**), *rue Prosper-Dubourg, 8.* 8 ⊔ Ⓔ 📞 ◄W►
- — Schott, *rue du 4 Septembre, 11*, cycles.
- — Caujolle, *rue Prosper-Dubourg, 6*, cycles.
- — Rocroi, *rue Bugeaud, 46.*

Bordj-bou-Arréridj (Constantine), 1,510 h., 🚂 Est-Algérien,
à 2 k., ✉ ☎
Voir : Le Fort.
Env. : Zamoura, 20 k.; Vallée du Bou-Sellam; la Medjana, points
de vue et sites sauvages; Emplacement de la Kalaâ des Ham-
madites, monuments mégalithiques.
SÉTIF Ⓠ 65 k. — BOUGIE Ⓠ 124 k. — CONSTANTINE Ⓠ 192 k. —
TIZI-OUZOU, 187 k.
▲ * des Voyageurs.
🔧 Caillot.

Bosquet (Oran), 456 h., ✉ ☎
Env. : Plage à 6 k. (*Par une bonne route*).
ORLÉANSVILLE, 120 k. — MOSTAGANEM, 44 k. — MASCARA, 125 k.
ORAN Ⓠ 133 k.

Boufarik (Alger), Ⓒ, 4,950 h., 🚂 P.-L.-M. ✉ ☎
Voir : Statue du sergent Blandan; Marché arabe du lundi.
Env. : Signal de Feroukra, panoramas superbes.
ALGER Ⓠ 35 k. — TIZI-OUZOU, 120 k. — MÉDÉA, 56 k. — MILIANA,
97 k. — Cherchell, 78 k.
▲ * de la Place.

Bougie (Constantine), ◄SP►, 8,713 h., 🚂 Bougie à Beni-Mansour,
✉ ☎ 📞
Voir : Bab-el-Bahar (porte de la mer); Fort Abd-el-Kader; Porte
Sarrazine; la Fontaine; la Kasbah; le Hamma ; Mosquée; Panorama sur le golfe.
Env. : Côte de Kabylie, Cap Carbon, 7 k. ; Cap Bouak; Ruines romaines de Toudja, 25 k. ; Gorges du Chabet-el-Akra.
1° *via* Djidjelli, 96 k. (*rte empierrée, en bon état*); El-Miliah, 163 k.
(*rte carr.*). — 2° *via* Djidjelli, 96 k. (*rte empierrée, en bon état*);
Zeraïa, 194 k.; CONSTANTINE Ⓠ 257 k. — 3° *via* Kerrata, 59 k.
(*rte empierrée, dure*) — Bif.: SÉTIF Ⓠ 114 k.; BATNA, 232 k. (*Piste
médiocre*). — 4° TIZI-OUZOU, 183 k. (*rte empierrée, très dure*).
▲ ** Grand Hôtel d'Orient et de la Marine. TCF
- -- ** de France. TCF (*S. de B.*) (wc) ◇

Bougie (*suite*).
  Stock Michelin **Vogelweith**, *rue Jeanne-d'Arc.* 🔲 ⊔ ⊕
  — Raybaud, *rue Saint-Joseph*, cycles.

Bouïra (Alger), ©, 1,489 h., 🚂 Est-Algérien, ✉ ⌁
  Env. : Ancien fort turc; Sites pittoresques du Tessara; Ruines
    romaines d'Aïn-Bessem.
  TIZI-OUZOU, 122 k. — BOUGIE ⊙ 140 k. — MÉDÉA, 159 k. —
    ALGER ⊙ 125 k.
  🏨 * de la Colonie.

Bou-Saâda (Alger), chef-lieu de centre militaire, 5,315 h., ✉ ⌁
  Voir : Oasis intéressante; Ksar en amphithéâtre; Mosquées;
    Marché; Danseuses Ouled-Naïl; Promenade des bords de
    l'Oued dans l'oasis.
  Env. : El Hamel, 15 k. (*Piste pittoresque, gorges sauvages*). Voir
    le Zaouïa.
  Bord-bou-Arréridj, 129 k. — Djelfa, 120 k. — Aumale, 128 k. —
    ALGER ⊙ 253 k.
  🏨 * Auberge.

Brézina (Oran).
  Voir : Oasis; Ksar à l'entrée du Sahara; Tours crénelées.
  Géryville, 70 k. — MASCARA, 308 k. — ORAN ⊙ 407 k.

Bugeaud (Constantine), station estivale, 200 k., ✉ 🚂
  Env. : Ascension du kif Seba; Marabout : au sommet, panorama
    superbe sur la côte et l'intérieur; Aqueduc romain; Fontaine
    des Princes.
  BONE ⊙ 12 k.
  🏨 * Cronstadt.

Carthage (Tunisie), — ⌁ à la Goulette, 3 k.
  Voir : Cathédrale Saint-Louis; Musée Lavigerie; Panorama; Col-
    line de Junon; Plateau de l'Odéon.
  Hammamet, 60 k. — TUNIS ⊙ 15 k.
  🏨 ** Saint-Louis.

Castiglione (Alger), 1,449 h., ✉ ⌁ 🚂
  Voir : Très jolie plage, la plus belle des environs d'Alger. Vue
    magnifique.
  ALGER ⊙ 45 k. — MÉDÉA, 70 k. — MILIANA, 98 k. — Cherchell, 56 k.
  🏨 * de Paris.
  — * du Tapis-Vert.

Châteaudun-du-Rhummel (Constantine). ©, 1,310 h., ✉ ⌁
  Voir : Marché.
  CONSTANTINE ⊙ 55 k. — SÉTIF ⊙ 72 k.
  🏨 Auberge.

Chellala (Alger), 714 h., ✉ ⌁
  Voir : Marché.
  MÉDÉA, 160 k. — ALGER ⊙ 251 k. — Zénina, 97 k. — Tiaret, 115 k.

Cherchell (Alger), ©, 4,235 h., ✉ ⌁. — 🚂 de Marengo, à 28 k.
  Voir : Cirque romain; Place romaine; Mosaïque de l'Église;
    Musée; Thermes de Juba; Théâtre romain; Collection Archam-
    bault.
  Env. : Aqueducs de l'oued Bakhora et de l'oued Bellah; Route
    très pittoresque de Cherchell à Dupleix; Tipaza, 26 k.
  ALGER ⊙ 101 k. — MÉDÉA, 98 k. — MILIANA, 75 k.
  🏨 * Grand Hôtel Nicolas, *place Romaine*. (vc).
    Beau, *place du Marché*.

Collo (Constantine), ©, ✉ ⌁
  Voir : Le port; petites excursions aux alentours.
  PHILIPPEVILLE, 107 k. — CONSTANTINE ⊙ 109 k. — BOUGIE ⊙ 235 k.
  🏨 * Grand Hôtel, *place du Square*.

Condé-Smendou (Constantine), ©, 2,650 h., 🚂 P.-L.-M. ✉ ⌁
  Très bel horizon de montagnes.
  PHILIPPEVILLE, 55 k. — CONSTANTINE ⊙ 29 k.
  🏨 * de l'Union.

Créteville (Tunisie), 🚂 ⌁ 🚂
  Env. : Défilé du Khanguet-el-Hadjadj, pittoresque (*bonne rte
    sur 16 k.*)
  TUNIS ⊙ 20 k. — SOUSSE, 121 k.

Dellys (Alger), ⊙, 3,281 h., 🚂 de Dellys à Camp-du-Maréchal, ✉ ✆
Voir : Remparts ; Mosquée ; Quartier indigène ; Jolis jardins.
Env. : Phare du Cap Bengut, 3 k., vue merveilleuse ; Marabout de Sidi-Soussan, 210 m., très jolie vue.
Tizi-Ouzou, 47 k. — Bouïra, 123 k. — Alger ⊕ 106 k.
Exc. : Bassins romains ; Tigzirt, 25 k., ruines d'une basilique du vᵉ s.
🏨 * Hôtel de France.

Djelfa (Alger), ⊙, 1,762 h., ✉ ✆ (alt. 1,159 m.).
Voir : Marché très important des Ouled Naïl.
Alger ⊕ 332 k. — Médéa, 241 k. — Laghouat, 112 k. — Zenina, 82 k. — Bou Saada, 120 k. (*Piste assez bonne sur les 100 premiers k.*).
🏨 * du Roulage.

Djidjelli (Constantine), 4,223 h., ✉ ✆
Voir : Quartier arabe ; le Port.
Constantine ⊕ 161 k. — Philippeville, 184 k. — Sétif ⊕ 133 k. Bougie ⊕ 96 k. (*bonne rte empierrée*).
Exc. : Les Beni-Kaïd, sites et panorama, 3 k. ; Gorges de Taza ; Pointe Noire (2 k.) Tombeaux antiques taillés dans le roc.
🏨 * Quercy.

Duperré (Alger), ⊙, 824 h., 🚂 P.-L.-M. ✉ ✆ (alt. 250 m.).
Voir : Marché, Fabriques de crin végétal.
Env. : Ascension du Doui (*Chemin forestier, 2 h. à pied*), belle vue sur Miliana.
Miliana, 33 k. — Alger ⊕ 155 k. — Médéa, 130 k. — Orléansville, 74 k.
🏨 Auberge.

Duquesne (Constantine), 184 h., ✉ ✆ (alt. 95 m.).
Pays boisé ; Région intéressante.
Constantine ⊕ 151 k. — Djidjelli, 10 k. — Philippeville, 174 k. Bougie ⊕ 106 k.
🏨 Auberge.

Duzerville (Constantine), 801 h., 🚂 Bône-Guelma, ✉ ✆ 📧 (alt. 12 m.)
Bone ⊕ 12 k. — Le Kef, 193 k. — Guelma, 52 k.
🏨 Auberge.

El-Abiod (Oran), ✉ ✆
Voir : Koubba de Sidi-Cheik ; Marabout célèbre.
Env. : Les Arbaouat (20 k.) ; Ksars fortifiés.
Géryville, 86 k. — Mascara, 324 k. — Oran, 423 k. — Aïn-Sefra, 150 k.

El-Aricha (Oran), 80 h., ✉ ✆ — 🚂 de Bedeau, 54 k.
Voir : Poste militaire ; Hôpital ; Marché.
Tlemcen, 94 k. — Oran ⊕ 234 k. — Magenta, 73 k.
🏨 * des Voyageurs.

El-Djem (Tunisie), 2,500 h., ✉ ✆
Sousse, 77 k. — Tunis ⊕ 220 k. — Mehdia, 45 k. — Sfax, 64 k. Kairouan, 112 k.
🏨 * (à la Maison d'école).

El Hamma (Tunisie) 860 h., ✉ ✆
Voir : Grande oasis ; Sources thermales et sulfureuses ; Restes d'installations romaines.
Gafsa, 80 k. — Tunis ⊕ 418 k. — Kebili, 96 k. — Gabès, 213 k.

El Kantara (Constantine) (*commune d'Aïn-Touta*), 🚂 ✆
Voir : Le Pont, vue merveilleuse sur l'immensité du désert ; Région très pittoresque.
Env. : Pont de construction romaine, 1 k. ; Défilé de Foums-es-Sahara (bouche du Sahara), à la sortie des montagnes, le plus beau site de l'Algérie ; Oasis de 90,000 palmiers ; Ascension du Djebel-Mesliff (1495 m.) (*sentier muletier, montée 3 h.*) ; Vue magnifique.
Batna ⊕ 64 k. — Constantine ⊕ 183 k. (*rte empierrée, roul., dure, pitt.*). — Biskra, 52 k. (*piste en partie empierrée, praticable sauf par très mauvais temps*). — Touggourt, 212 k. (*piste praticable par temps sec*).
Exc. : Gorges de Tilatou ; Route de Batna, jusqu'aux Tamarins

El Kantara (*suite*).
(23 k.); Traversée des gorges à pied (3 k.); Gorges de Maafa,
route de Batna (16 k.), *à pied ou à mulet*; Gorges des Beni-
Ferath, (16 k.), *à mulet*; Vallées de l'Oued-Abdi et de l'Oued-
Abiod (exc. très recom. la plus belle de l'Algérie, mais longue
et pénible, *à mulet*).
🏨 ** Bertrand. TCF

El-Kseur (Constantine), Ⓒ, 699 h., 🚂 Est-Algérien, ✉ ✝ (alt.
90 m.).
Env. : Tiklat, 4 k., ruines romaines (thermes, citerne).
Bougie Ⓠ 25 k. — Sétif Ⓠ 84 k. — Tizi-Ouzou, 105 k.
🏨 * des Voyageurs.

El-Miliah (Constantine), Situation merveilleuse au centre d'une
région forestière, Ⓒ, 512 h., ✉ ✝
Env. : Ascension du Djebel Taforlass (1300 m.); Panorama su-
perbe (*Montée à pied 5 à 6 h.*); Mila, 12 k. et Gorges du Oued-
el-Kébir (*très pittoresque sur 8 k., impraticable en auto*); El-
Anseur et Gorges de l'Oued-Irdjana, 15 k. (*bonne rte, rte directe
d'El-Miliah à Constantine en construction*).
Collo, 72 k. — Philippeville, 110 k. — Constantine Ⓠ 118 k. —
Djidjelli, 67 k.
🏨 Auberge.

Enfidaville (Tunisie), 🚂 ✉ ✝ (alt. 40 m.).
Env. : Takrouna, 6 k., village indigène très curieux perché sur un
rocher; Sources d'Aïn Garci, 11 k. (eau gazeuse); Ruines romaines.
Tunis Ⓠ 96 k. — Sousse, 47 k. — Kairouan, 59 k. (*rte empier-
rée en partie, piste praticable par temps sec*).
🏨 * Rosso.

Fedj-Mzala (Constantine) Ⓒ, 179 h. ✉ ✝
Djidjelli, 119 k. — Od. Atmenia, 35 k. — Constantine Ⓠ 70 k.
🏨 Auberge.

Ferryville (Tunisie), Port militaire, 🚂 ✉ ✝ 🚌
Voir : Arsenal et établissements de Sidi-Abdallah; Marabout de
Sidi-Abdallah.
Bizerte, 20 k. — Tunis Ⓠ 70 k. — Béja, 125 k.
🏨 * de l'Amirauté.

Fort-National (Alger). Ⓒ, 353 h., ✉ ✝ (gare Tizi-Ouzou, 27 k.)
(alt. 925 m. et citadelle 961 m.).
Voir : Forteresse, Bâtiments militaires; Citadelle; Remparts;
Panorama merveilleux sur le Massif du Djurjura; Marché;
École d'apprentissage pour les travaux de bois.
Env. : La Crête d'Icheriden, 8 k. (*Bon chemin*); Monument commémoratif des combats de 1857 et 1871; Vue magnifique; Taou-
rirt-Amokrane, 4 k. (*Sentiers muletiers*), Fabrication de poteries
originales; Villages des Benni-Yenni, 16 k. (*Route de Bohgni
bonne emp. pendant 9 k., puis sentiers en lacets raides*), fabrication d'armes, d'étoffes et de bijoux (filigranes, émaux, origi-
naux); à Djema-Saharidji (Mosquée du Bassin), 25 k. (*rte à fortes
pentes, carr., pitt., en corniche sur un ravin*); Ruines romaines
et bassin en pierres taillées sur la place du marché.
Tizi-Ouzou, 20 k. — Alger Ⓠ 125 k. — Bougie Ⓠ 163 k. — Bouïra, 125 k.
🏨 * des Touristes.

Frenda (Oran), Poste militaire, dans une région de forêts pitto-
resques, Ⓒ, 1922 h., ✉ ✝ (alt. 1152 m.).
Tiaret, 56 k. — Miliana, 227 k. — Chellala, 171 k. — Saïda, 100 k.
Mascara, 108 k. — Oran Ⓠ 207 k.
🏨 Auberge.

Gabès (Tunisie), 12,600 h., ✉ ✝
Voir : L'Oasis; Boutiques des mercantis juifs et grecs.
Env. : Chenini, cascade de 20 mètres et boutique; Bains du
Hamma, 30 k.; Village troglodyte; Blad-el-Djarid; Médénine.
1° *via* Bordj-Achichina, 64 k. (*rte empierrée, en bon état*): Maharès, 100 k.; Sfax, 136 k. — 2° *via* Mareth, 36 k. (*rte empierrée*):
Médénine, 80 k.; Zarzis, 140 k. — 3° *via* Kebili, 117 k. (*Piste
médiocre*): Tozeur, 207 k. — 4° *via* Oudereff, 17 k. (*Piste carr.
par temps sec*): Gafsa, 150 k. — 5° Kairouan, 225 k. (*Route en
mauvais état*).
🏨 * de l'Oasis, *avenue de la Marine, 18.* TCF

Gafsa (Tunisie), 3,000 h., 🚂 Gafsa à Sfax ✉ ☎
  Voir : Kasba; Piscines du Dar-el-Bey; Mosquée de Sidi-Yacoub, observatoire; Oasis.
  Env. : Panorama de la colline de Sidi-bou-Yahia; le Djebel-Assalah, grottes de Sidi-Mansour.
  1° *Via* Feriana, 70 k. (*Piste médiocre*) : Tebessa, 145 k. — 2° KAIROUAN, 205 k. (*Piste*). — 3° *via* Bordj-Achichina, 150 k. : Maharès, 186 k.; SFAX, 222 k. — 4° *via* Oudereff, 133 k. (*Piste carr. par temps sec*) : GABÈS, 150 k.; TUNIS 🕿 355 k.
  🏨 • Gafsa-Hôtel.

Géryville (Oran), (Chef-lieu de commune du territoire militaire), 1,835 h., ✉ ☎ (alt. 1,305 m.).
  Env. : Ksar El Ahmar, 25 k., dessins rupestres très intéressants.
  MASCARA, 238 k. — Brézina, 70 k. — ORAN 🕿 337 k. — El Abiod, 86 k. — Méchéria, 128 k.
  🏨 • Mahistre.

Ghardaïa (Alger), ©, 1,000 h., ✉ ☎
  Voir : Quartier juif; Très beaux jardins.
  LAGHOUAT, 200 k. — ALGER 🕿 644 k. — Guerrara, 92 k.
  🏨 Auberge.

Grombalia (Tunisie) (Chef-lieu du contrôle civil), 1,020 h., 🚂 ✉ ☎ 🚋 (alt. 60 m.).
  Env. : Ksar Djemaa-el-Djir, 6 k.; Ruines romaines, Temple, Forteresse.
  Bir-bou-Rekba, 20 k.; SOUSSE, 103 k. — TUNIS 🕿 40 k.
  🏨 Auberge.

Guelma (Constantine), ⊛, 5,700 h., 🚂 Bône-Guelma ✉ ☎ 🚋
  Voir : Mosquée; Musée; Théâtre romain; Thermes, ruines; Jardin.
  Env. : L'Esplanade; Jardin des Fleurs; Pépinière; Héliopolis; Marbrières de la Mahonna.
  1° BONE 🕿 64 k. (*rte empierrée, en bon état*). — 2° *via* Duvivier, 25 k. (*rte empierrée, en bon état*) : Souk-Ahras, 73 k. — 3° CONSTANTINE 🕿 112 k. — 4° Jemmapes, 55 k. (*rte empierrée, en bon état*); PHILIPPEVILLE, 85 k.
  🏨 • d'Orient et de l'Univers.
  — • Grand Hôtel Auriel.

Guyotville (Alger), 1,525 h., ✉ ☎ 🚋 (alt. 25 m.). Très joli lieu de villégiature; Un des plus beaux villages de l'Algérie.
  ALGER 🕿 10 k.
  🏨 • des Touristes.

Hammamet (Tunisie), Port de pêche, Plage, 5,050 h., 🚂 Tunis à Hammamet ✉ ☎ (alt. 25 à 30 m.).
  Voir : Enceinte en ruines; Très beaux jardins (citronniers); Belle vue de la Kasba.
  SOUSSE, 85 k. — KAIROUAN, 95 k. — TUNIS 🕿 64 k.
  🏨 • de la Plage.

Hammam-Meskoutine (Constantine), Station thermale, 3,206 h., 🚂 ✉ ☎
  Voir : Cônes sédimentaires; grande cascade de 30 m.; Etablissement thermal; Jardin et collection de ruines; Petit Musée.
  Env. : Gorges de Taya, 1 k.; Petit lac souterrain, 2 k., voûte garnie de stalactites; Roknia (sépultures intéressantes); Grottes du Djebel-Taya.
  GUELMA, 20 k.; BONE 🕿 84 k. (*rte empierrée, pitt.*). — CONSTANTINE 🕿 84 k.
  🏨 •• de l'Etablissement. TCF

Hamman-R'hira (Alger), Station thermale, 169 h., ✉ ☎ 🚋 (alt. 470 m.) — 🚂 de Bou-Medfa, à 10 k.
  Voir : Piscines romaines; Etablissement moderne.
  Env. : Forêt de Chaïba; Vesoul-Benian (10 k.); Margueritte (site très pittoresque); Tombeau de la Chrétienne.
  ALGER 🕿 107 k. — MILIANA, 29 k. (*rte tr. pitt.*). — MÉDÉA, 80 k. Cherchell, 39 k.
  🏨 • Belle-Vue.
  — • Grand Hôtel des Bains. TCF

Herbillon (Takouch) (Constantine), Port de pêche, 291 h., ◻ ☎ 🚂 d'Aïn-Mokra, 35 k. (alt. 150 m.).
  Env. : Phare du Cap de Fer, 24 k., belle vue (*Sentiers muletiers*).

Herbillon (*suite*).

BONE ◉ 59 k.; GUELMA, 110 k.; PHILIPPEVILLE, 110 k. (*Bonne rte empierrée, pitt. en forêts*); traversée du massif de l'Edough.

🏨 Auberge.

Houmt-Souck (Tunisie), Port de pêche (Ile Djerba) (*on peut se rendre à Sfax et à Gabès par mer*). ✉ ✂

Voir: Souks; Pêche; Tissus laines et soies, bijoux émaillés et filigranés.

Exc. dans l'Ile Djerba: Routes d'Ajim, 23 k., El Kantara, 25 k.; Jardins Cédrien; Midoum; Mahbouline, 16 k. (*Bonne piste*); Ruines de Meninx, Poteries de Gallala.

🏨 • Chauvin.

Inkermann (Oran), ©, 4,450 h., 🚂 ✉ ✂ (alt. 80 m.).

Voir: Belle pépinière.

Env.: Mazouna, 30 k. (très beau site) (*Bonne rte, très pitt.*).

ORLÉANSVILLE, 45 k.; MILIANA, 142 k. — Tiaret, 115 k. — MAS-CARA, 105 k. — MOSTAGANEM, 102 k. — ORAN ◉ 191 k.

🏨 • des Voyageurs. TCF
— • d'Inkermann.

Kairouan (Tunisie), 26,000 h., 🚂 Bône-Guelma, ✂ ✉

Voir: Grande Mosquée; Mosquée du Barbier; Mosquée des Trois - Portes; Mosquée des Sabres; Bassins des Aghlabites; les Souks; les Aïssaouas; Ville indigène; Zaouia de Sidi-Abid-el-Ghariani; Bab-el-Koukha; Portes de Tunis.

1° *Via* Enfidaville, 59 k. (*Bonne rte empierrée*): Bir-bou - Kekba, 95 k.; TUNIS ◉ 155 k. — 2° SOUSSE, 61 k. (*Bonne rte empierrée*). — 3° SFAX, 156 k. (*Piste médiocre*). — 4° GABÈS, 225 k. (*Piste en mauvais état*). — 5° GAFSA, 200 k. (*Piste*). — 6° *via* Sbeïtla, 119 k., Fériana, 184 k., TEBESSA, 259 k.

🏨 •• Splendid-Hôtel, TCF

Kerrata (*commune de Takitount*) (Constantine), 317 h., ✉ ✂. — 🚂 de Sétif, à 55 k. (alt. 480 m.).

Voir: Marché.

SÉTIF ◉ 55 (*rte accid. et pitt.*); CONSTANTINE ◉ 182 k. — BOUGIE ◉ 59 k. (*très pitt.*).

Exc.: Gorges du Chabet - el - Akra.

🏨 •• du Chabet.

Krenchela (Constantine), ville construite sur l'emplacement de l'anc. Mascula, ©, 2381 h., ✉ ✂

Aïn-Beïda, 48 k.; GUELMA, 157 k. — Tebessa, 137 k. — BATNA, 104 k. — CONSTANTINE ◉ 159 k.

🏨 • de France.

Koléa (Alger), ©, 2,915 h., ✉ ✂ (alt. 130 m.).

Voir: Jardin des Zouaves; Mosquée de Sidi-Embarech (Hôpi-tal); Très jolie Mosquée.

Env.: Fouka, 5 k.; Castiglione, 8 k.

ALGER ◉ 35 k. — Blida, 20 k.; MÉDÉA, 62 k. — MILIANA, 103 k.

🏨 • de France.

La Calle (Constantine), port de pêche du corail, ©, 2,625 h., ✉ ✂ — 🚂 Bône-La Calle (alt. 12 m.).

Env.: Forêts de chênes-liège; Lacs.

BEJA, 103 k. — LE KEF, 77 k. — BONE ◉ 68 k.

🏨 • du Commerce.

Laghouat (Alger), ©, 15,358 h., ✉ ✂ (alt. 750 m.).

Voir: Ancien quartier; Église; Oasis.

Via Djelfa, 112 k., Boghari, 277 k., Médéa, 353 k., Blida, 395 k., Boufarik, 409 k. (*Bonne rte jusqu'à Boghari, puis piste très dure à cause des sables*); ALGER ◉ 444 k.

🏨 • de la Place.

La Goulette (Tunisie), 🚂 B.-G., ✉ ✂ 🚊. Station estivale et balnéaire.

Voir: Nombreuses villas de Kheredine et du Kram.

Env.: Sidi-bou-Saïd (très pittoresque); Phare; Vue magnifique. Radis, 6 k. (*Bonne rte; on traverse le chenal de la Goulette à Tunis sur un bac à vapeur*).

TUNIS ◉ 20 k.

🏨 • de France.

Lambèze (Constantine), 587 h. 🚂 Est-Algérien, ▣ ☎
    Voir : Ruines intéressantes; Le Camp; Musée; Temple d'Escu-
    lape; Le Capitole.
    Krenchela, 93 k. — BATNA ☒ 11 k.; CONSTANTINE ☒ 130 k.
    🏨 Auberge.

Lalla Maghnia (Oran), 1,937 h. ▣ ☎ (alt. 365 m.).
    Voir : La Koubba; Camp retranché; Marché très intéressant
    (nombreux Marocains).
    TLEMCEN, 48 k.; ORAN ☒ 188 k. — Nemours, 57 k.
    🏨 * de France.

La Marsa (Tunisie), Station estivale et balnéaire, 🚂 Tunis-
    La Goulette, ▣ ☎ 🔲
    Voir : Résidence de l'ancien Bey; Jardins; Nombreuses villas.
    Env. : Hauteurs Dj. Khaoui et de Kamart (Nécropole des Juifs
    de Carthage).
    TUNIS ☒ 18 k.

La Meskiana (Constantine), 600 h., ▣ ☎ — 🚂 Bône-Guelma,
    à 36 k. (alt. 860 m.).
    Env. : Clairefontaine, 35 k. (*rte passable*); Krenchela, 60 k. (*rte
    en cours d'achèvement*).
    Tebessa, 52 k.— Aïn-Beïda, 37 k.; CONSTANTINE ☒ 148 k.; GUELMA,
    146 k.
    🏨 Auberge.

Lamoricière (Oran), Ⓒ, 1,188 h., 🚂 Ouest-Algérien, ▣ ☎
    Voir : Ruines d'Altava; Cascade du Moulin; Kasba en ruines.
    SIDI-BEL-ABBÈS, 58 k.; ORAN ☒ 154 k. — MASCARA, 149 k. —
    TLEMCEN, 38 k.
    🏨 Auberge.

Le Kef (Tunisie), Ⓒ, 🚂 Bône-Guelma ☎ ▣
    Voir : Kasba; Débris de la Basilique de Dar-el-Kous.
    1° *via* Teboursouk, 67 k., BÉJA, 109 k. — 2° *via* Teboursouk, 67 k.,
    Testour, 92 k., Medjez-el-Bab, 112 k.; TUNIS ☒ 169 k. — 3° *via*
    Sbeïtla, 109 k., Kairouan, 228 k. — 4° *via* Souk-Ahras, 100 k.,
    Duvivier, 148 *Bif.* : BONE ☒ 205 k.; GUELMA, 174 k.
    🏨 * d'Alban.

Le Kreider (Oran), Poste militaire, 🚂 Etat, ▣ ☎
    Voir : Oasis.
    Saïda, 82 k.; MASCARA, 155 k.; ORAN ☒ 254 k. — Méchéria, 84 k.;
    Magenta, 155 k.
    🏨 Auberge

L'Hillil (Oran), 331 h. 🚂 P.-L.-M. ▣ ☎ (alt. 125 m.).
    Env. : Kalâa, 17 k., Village pittoresquement situé; Fabrique de
    burnous', babouches et tapis (*Bonne rte*); Grottes à phos-
    phates de Mesrata, Gorges pittoresques; El Bordj, 27 k., Vil-
    lage indigène intéressant (*Bonne rte*).
    ORLÉANSVILLE, 104 k. — MASCARA, 42 k. — MOSTAGANEM, 86 k.;
    ORAN ☒ 128 k.
    🏨 * de la Poste.

Lourmel (Oran), Ⓒ, 1,318 h., 🚂 Ouest-Algérien (alt. 92 m.).
    Voir : Polygone d'artille.ie.
    ORAN ☒ 42 k. — SIDI-BEL-ABBÈS, 100 k.; TLEMCEN, 98 k.
    🏨 * des Voyageurs.
    — * de la Gare.

Magenta (Oran), 🚂 Ouest-Algérien, ▣ ☎ (alt. 850 m.).
    Situation très pittoresque dans un cirque boisé.
    Env. : Daya, 16 k. (alt. 1275 m.) Poste militaire (*Bonne rte, dure,
    sinueuse mais très pit.*); Caserne; Hôpital; Sanatorium.
    SIDI-BEL-ABBÈS, 58 k. — ORAN ☒ 154 k. — El Aricha, 80 k. —
    TLEMCEN, 154 k.

Maharès (Tunisie), 🚂 ▣ ☎
    Voir : Jardins; Forteresse byzantine.
    Env. : Ruines d'Ounga, 17 k. (vastes Citernes, anc. Basilique
    chrétienne).
    SFAX, 36 k.; TUNIS ☒ 320 k. — GABÈS, 100 k. — GAFSA, 186 k.

Maktar (Tunisie) (*Chef-lieu de contrôle civil*), ✉ ☎
  Voir : Ruines (*anc. Mactaris*), très intéressantes inscriptions pu-
    niques· Arc de triomphe de Trajan IIᵉ siècle; Temple d'Apol-
    lon et de Diane; Aqueduc, Mausolées.
  Env. : Souk-el-Djama, 9 k. (Fontaine romaine); Bit-el-Hadjar,
    8 k. (Mausolée); Henchir-Midid, 20 k.
  Le Kef, 68 k. — Béja, 177 k. — Tunis ☺ 237 k.
  Exc. : 1° Ruines d'Uzippa (Ksour); Abd-el-Melek, 15 k., grande
    ville romaine, Portes, Arcades; Kobeur-el-Roul, 25 k. (Ruines);
    Henchir-Bez, 32 k. (Temple de Mercure).
    2° Vallée de l'Oued-Mahrouf, Ruines romaines intéressantes;
    Ksar-Ksiba (Mausolée); Henchir-joum-el-Abrit (Temple, Porte
    monumentale, Forteresse, Mausolée; Pont sur l'Oued-Djilf;
    Henchir-el-Turki (nombreux dolmens); Henchir-Ecmda(Temple
    écroulé, Citernes, Aqueducs).
    3° Le Massif et la Vallée du Baurgou (très pittoresques); Henchir-
    Karachoum (Thermes, Temple d'Apollon, Citernes); Sidi-
    Ahmor-Djedidi (Enceinte, Mausolée); Henchir-Boudja (Source
    de Limisa, Fort byzantin).
    4° Forêt de la Kessera (Belles sources, sites pittoresques).

Marengo (Alger), Ⓒ, 1,818 h., 🚂 El Afram-Marengo, ✉ ☎ (alt.
    93 m.).
  Voir : Marché arabe; Réservoirs.
  Env. : Tombeau de la Chrétienne.
  Alger ☺ 82 k. — Médéa, 75 k. — Miliana, 11 k.
  🏨 • Grand Hôtel de Marengo.

Mareth (Tunisie), ☎
  Voir : Bordj militaire; Oasis.
  Médénine, 44 k. — Gabès, 36 k. — Gafsa, 153 k. — Tunis ☺ 416 k.

Mascara (Oran), ⧉, 18,405 h., 🚂 P.-L.-M.-État. ✉ ☎
  Voir : Faubourg de Bab-Ali; deux Mosquées; Le Beylik; Jardin
    public.
  Env. : A 7 k., Koubba et Cascade de Sidi-Daho.
    1° *via* Saint-Denis-du-Sig, 46 k. (*dure 6 % sur 10 k.*) *Bif.* Oran
    ☺ 99 k.; Arzeu, 88 k. — 2° *via* l'Hillil, 42 k. : Mostaganem,
    81 k. — 3° *via* l'Hillil, 42 k., Relizane, 61 k., Inkermann, 105 k. :
    Orléansville, 150 k. — 4° *via* Palikao, 20 k. : Tiaret, 141 k. —
    5° *via* Saïda, 73 k. (*dure*), le Kreider, 155 k., Méchéria, 239 k.
    Aïn-Sefra, 316 k. — 6° Sidi-Bel-Abbès, 91 k.
  🏨 • Grand Hôtel Bourreley.
  🚲 Goutherot.

Mateur (Tunisie), 🚂 ✉ ☎
  Très joli panorama.
  Tunis ☺ 61 k. — Béja, 105 k. — Bizerte, 55 k.
  🏨 • de France.
    — • de la Gare.
    — • Moderne.

Méchéria (Oran) (*chef-lieu d'un cercle militaire*), 664 h., 🚂 Etat
    ✉ ☎ (alt. 1 171 m.).
  Env. : Djebel Antart (alt. 1 720 m.).
  Géryville, 128 k. — Aïn-Sefra, 107 k. — Sidi-Bel-Abbès, 218 k.
  Mascara, 239 k. — Oran ☺ 338 k.
  🏨 Auberge

Médéa (Alger), ⧉, 16,235 h., 🚂 P.-L.-M. ✉ ☎ 🏨
  Voir : Caserne; Hôpital; Aqueduc; la Sous-Préfecture, Place
    d'Armes.
  Env. : Piton du Daklà, panorama.
    1° *via* Blida, 42 k. : Boufarik, 56 k., Alger ☺ 91 k. — 2° *via*
    Boghari,76 k.(*rte praticable par temps sec*),Djelfa,241 k.; Laghouat
    353 k. — 3° *via* Boghari 76 k. (*praticable par temps sec*), Chel-
    lala, 172 k. (*piste médiocre*), Tiaret, 271 k.; Mascara, 412 k.
  🏨 • Grand Hôtel d'Orient. ◇ Ⓔ
  🚲 Vassal. Ⓔ ⟨⟩

Médénine (Tunisie) (*chef-lieu de Cercle militaire*), ✉ ☎
  Voir : Ksar, constructions originales (Rhorfas). Du plateau, pa-
    norama magnifique sur le massif des Matmatas.

Médénine (*suite*).
Env.: Ksar pittoresque des Benis-Barca (1 k.) (panorama intéressant).
Zarzis, 60 k. — GABÈS, 80 k.; TUNIS ⊙ 460 k.
Exo.: à Douirat, 78 k. (*rte carrossable sur 6½ k., puis sentiers muletiers*), Ksar pittoresque.

Medjez-el-Bab (Tunisie), 🏛 ✉ ⚓
Voir: Pont; Ruines.
TUNIS ⊙ 57 k. — LE KEF, 112 k. — BÉJA, 11 k.
🏠 ✶ des Colons.

Mehdia (Tunisie), Ville bâtie sur une presqu'île rocheuse s'avançant au large, ✉ ⚓ 🚂 (alt. 20 m.).
Voir: Prison, Panorama du haut de la terrasse, grande Mosquée; Kasbah XVIᵉ s.; Port antique et nouveau port; une Kasba (Nombreux pêcheurs); Jardins.
Env.: Salacta, 5 k., Jetée et Forteresse; Arch-Zara, 7 k. (Catacombes chrétiennes); El Alia, 23 k. (*rte carr. par temps sec*), Tombes puniques; Villas romaines, mosaïques et peintures.
SFAX, 109 k. — SOUSSE, 62 k. — TUNIS ⊙ 205 k.
🏠 Auberge.

Menerville (Alger), Ⓒ, 1,037 h., 🏛 Est-Algérien, ✉ ⚓ 🚂 (alt. 150 m.).
Env.: Entre Menerville et Blad-Guitoun, Ruines romaines et grand Mausolée octogonal IVᵉ s.
Dellys, 52 k. — TIZI-OUZOU, 51 k. — SÉTIF, 251 k. — ALGER ⊙ 51 k.
🏠 ✶ Blanchard.

Menzel-Temine (Tunisie), ✉ ⚓ (alt. 65 à 80 m.).
Env.: Kilibia, 17 k., Ruines romaines.
El Aouaria, 39 k. — Hammamet, 62 k. — TUNIS ⊙ 128 k.

Mercier-Lacombe (Oran), Ⓒ, 1,263 h., ✉ ⚓ (alt. 675 m.).
Env.: Pont des 3 rivières, 16 k.
MASCARA, 45 k. — SIDI-BEL-ABBÈS, 45 k. — ORAN ⊙ 115 k.

Mers-el-Kébir (Oran), 155 h., ✉ ⚓ (alt. 17 m.). Ville pittoresquement située. Port et Rade.
Voir: Inscriptions sur les murailles espagnoles.
ORAN ⊙ 8 k.

Miliana (Alger), ⊛, 3,711 h., 9 k. 🏛 d'Affreville, ✉ ⚓ (alt. 740 m.).
Voir: Minaret; Pointe des Blagueurs, panorama; Quartier indigène; Mosquée et Tombeau de Sidi-Mohamed-ben-Youssef; belles Sources.
Env.: Le Zaccar.
1° *via* Blida, 83 k. (*rte pitt.*), Boufarik, 97 k.: ALGER ⊙ 132 k. — 2° *via* Teniet-el-Haad, 67 k. (*rte très pitt.*), Tiaret, 171 k. (*rte pitt.*), Frenda, 227 k. Biff.: Saïda, 327 k.; MASCARA, 100 k. — 3° OR-LÉANSVILLE, 97 k. — 4° Hamman-R'hira (*Station balnéaire*), 29 k. 5° *via* Marengo, 41 k. (*rte carr.*): Cherchell, 75 k. —
🏠 ✶ d'Orléans.

Monastir (Tunisie), Coquette petite ville indigène, [▪] ⚓ 🚂 (alt. 25 m.).
Voir: Enceinte crénelée; Mosquée: Minarets carrés; Ancienne porte fortifiée surmontée de la Tour du Nador (Belle vue).
Env.: Promenade aux Iles (anciennes Citernes creusées dans le roc, Grottes artificielles); Phare de Kuriat; Lamta, ruines de Leptimius, anc. ville phénicienne puis romaine et bysantine, Amphithéâtre, Citernes, Fortin bysantin, Cimetière punique (Mosaïque sur les tombes).
SFAX, 150 k. — SOUSSE, 62 k.; KAIROUAN, 82 k. — TUNIS ⊙ 161 k.
🏠 Auberge.

Morris (Constantine), Ⓒ, 631 h., [▪] ⚓ — 🏛 à Bône, 16 k. (alt. 10 m.).
Voir: Marché.
La Calle, 70 k. — BONE ⊙ 16 k.
Exo.: Vallée de l'Oued-Bou-Namoussa, région forestière très pittoresque.
🏠 Auberge.

Mostaganem (Oran), <Ⓟ>, 17,185 h., ⚏ État, ⧖ ⊀
  Voir : Jardin public ; Maisons à arcades ; le Port.
  Env. : Mazagran ; Plage de la Salamandre ; Tidjit ; Karouba
    Noisy-les-Bains, sources sulfureuses.
  1° *via* Bosquet, 41 k., Renault, 105 k. : ORLÉANSVILLE, 161 k. —
    2° *via* l'Hillil, 39 k., Relizane, 58 k. : ORLÉANSVILLE, 117 k. —
    3° *via* l'Hillil, 39 k. : MASCARA, 81 k. — 4° *via* Arzeu, 47 k. (*bonne
    rte empierrée*) : ORAN Ⓞ 89 k.
  ⌂ ♦ de France, *place de la République.*

Nabeul (Tunisie), ⚏ ⧖ ⊀ ▦ (alt. 13 m.).
  Voir : Jardins ; Mosquées ; Souks ; Distilleries de parfums ; Fa-
    briques de poteries.
  SOUSSE, 97 k. — TUNIS Ⓞ 78 k.
  ⌂ ♦ de France.

Nédroma (Oran), Ⓒ, 1,923 k., ⧖ ⊀
  Voir : Grande Mosquée ; Grottes intéressantes.
  TLEMCEN, 81 k. ; ORAN Ⓞ 221 k. — Nemours, 21 k.
  ⌂ Auberge.

Nefta (Tunisie), ⧖ ⊀
  Voir : Oasis ; Sources ; Corbeille de Nefta ; Mosquée.
  Tozeur, 30 k. — GAFSA, 116 k. — TUNIS Ⓞ 471 k.
  ⌂ Auberge Gréco.

Nemours (Oran), Ⓒ, 1,181 h., ⧖ ⊀ (alt. 2,400 m.).
  Voir : Fontaine.
  TLEMCEN, 105 k. — SIDI-BEL-ABBÈS, 201 k. — ORAN Ⓞ 245 k.
  Exc. : Colline de Taount (alt. 121 m.), 1 k. Ruines d'un Château
    (belle Vue), Phare 1 k. ; Colonne commémorative de Djebel-
    Kerkour ; Koubba de Sidi-Brahim, 12 k. ; Oued-Kiss, 18 k.
    (*rte empierrée*) ; Sidna-Youcha et à l'Oued-Saftas, 25 k. (*prati-
    cable par beau temps*) ; Honein, 30 k., joli site et Beni-Saf, 78 k.
    par le littoral des Traras, très pittoresque (*sentiers muletiers
    rte en construction de Rachgoum-Nemours*).
  ⌂ ♦ de France.

Orléansville (Alger), <Ⓟ>, 3,282 h., ⚏ P.-L.-M. ⧖ ⊀ (alt.
    110 m.).
  Voir : Bains maures ; Maison du Cadi ; Palais de Justice ; la Sous-
    Préfecture.
  Env. : la Pépinière.
  1° *via* MILIANA, 97 k. (*rte très pitt.*) : ALGER Ⓞ 229 k. — 2° *via*
    Inkermann, 45 k., Relizane, 89 k., l'Hillil, 108 k. *Bif.* MASCARA,
    150 k. : ORAN Ⓞ 249 k. ; MOSTAGANEM, 147 k. — 3° Ténès, 51 k.
    (*rte dure*).
  ⌂ ♦ des Voyageurs, *rue de Rome.* (wc) ⑧
  ⛾ Bertrand, *rue de Rome.* ⑤ Ⓔ

Palestro (Alger), Ⓒ, 605 h., ⚏ Est-Algérien, ⧖ ⊀ (alt. 160 m.)
  Voir : Monument commémoratif ; Gorges de Palestro.
  TIZI-OUZOU, 75 k. — ALGER Ⓞ 79 k.
  ⌂ ♦ du Commerce.
  — ♦ de France.

Perregaux (Oran), 3,501 h., Ⓒ, ⚏ P.-L.-M. Ouest, État, ⧖ ⊀
  ▦ (alt. 42m,72).
  Voir : Marché.
  MASCARA, 50 k. — ORAN Ⓞ 78 k. — MOSTAGANEM, 67 k.
  ⌂ ♦ des Colonies.

Philippeville (Constantine), <Ⓟ>, 14,813 h., ⚏ ⧖ P.-L.-M. ⊀
  ▦ (alt. de 0 à 147 m.).
  Voir : Ruines romaines ; Hôtel de Ville ; le Port ; Eglise, tableau
    de Van Dyck ; Mosquée ; Musée ; place de Marqué.
  Env. : Baie et village de Stora, 5 k. ; Saint-Antoine, 6 k. ; Jardin
    Laudon.
  1° Jemmapes, 30 k. (*rte empierrée en bon état*) : BÔNE Ⓞ 100 k. —
    2° GUELMA, 85 k. (*rte empierrée en bon état*). — 3° CONSTANTINE Ⓞ
    81 k.
  ⌂ ♦♦ Grand-Hôtel, *place de la Marine.* (*S. de B.*) (wc) ◇ ▦
  — ♦ de France et de la Marine, *place de la Marine.* (*S. de B.*)
    (wc) ◇ ▦
  ⛾ Rombi, *rue Théophile-Beguin.* ⑤ Ⓔ

Pont-du-Chélif (Oran), 288 h., ⚑ ⚐ (alt. 20 m.).
  Voir : Ruines romaines remarquables.
  ORLÉANSVILLE, 130 k.; ORAN ⊙ 123 k. — MOSTAGANEM, 34 k.

Pont-de-l'Isser (Oran), 311 h., ⚑ ⚐ — ▦, à 33 k. (alt. 216 m.).
  ORAN ⊙ 105 k. — SIDI-BEL-ABBÈS, 101 k. — TLEMCEN, 35 k.
  ⌂ Auberge.

Rabelais (Alger), ⚑ ⚐ — ▦, à 27 k. (alt. 511 m.).
  ORLÉANSVILLE, 44 k. — MOSTAGANEM, 120 k. — ORAN ⊙ 209 k.
  ⌂ Auberge.

Rachgoun (Oran), ⚑ ⚐ à Beni-Saf — ▦, à 43 k.
  Voir : Phare; rives de la Tafna.
  Env. : Takembrit, 5 k., Ruines romaines.
  ORAN ⊙ 115 k. — SIDI-BEL-ABBÈS, 111 k. — TLEMCEN, 60 k.

Relizane (Oran), Ⓒ, 5,964 h., ▦ ⚑ ⚐ (alt. 100 m.).
  Voir : Jardins.
  Exc. : Zemmorah, Monument de Mustapha-ben-Ismaël; les
    Salines.
  ORLÉANSVILLE, 89 k. (*rte en bon état*). — MASCARA, 61 k. — Mos-
    TAGANEM, 58 k. — ORAN ⊙ 117 k.
  ⌂ • de la Gare.

Renault (Oran), 695 h., ⚑ ⚐ — ▦, à 29 k. (alt. 500 m. village).
  Env. : Ruines romaines de Kalâa, 12 k.; Cap Kramis, 35 k. (*sen-
    tiers muletiers*).
  ORLÉANSVILLE, 59 k. — MOSTAGANEM, 105 k. — ORAN ⊙ 194 k.
  ⌂ Auberge.

Saïda (Oran), 5,117 h., ▦ ⚑ ⚐
  Voir. : Hôtel de Ville; Mosquée.
  Env. : Aïn-Tigfrid, Cascades, Gorges.
  MASCARA, 73 (*rte en bon état*). — Frenda, 100 k.; MILIANA, 327 k.
    (*rte empierrée pitt.*). — Géryville, 165 k. — Le Kreider, 82 k. —
    ORAN ⊙ 172 k.
  ⌂ • Lugan.

Saint-Arnaud (Constantine), Ⓒ, 1,890 h., ▦ Est-Algérien
  (alt. 950 m.).
  CONSTANTINE ⊙ 100 k. — SÉTIF ⊙ 27 k.
  Exc. : Djeimila, 30 k. (*rte empierrée et piste muletière*); Ruines de
    l'anc. Cuicul : Arc de triomphe, Temple, Théâtre.
  ⌂ Auberge.

Saint-Denis-du-Sig (Oran), Ⓒ, 7,110 h., ▦ ⚑ ⚐
  Voir : Eglise; Hôpital; Pont du Sig ; Jardin public.
  MASCARA, 16 k. — SIDI-BEL-ABBÈS, 60 k. — ORAN ⊙ 53 k. —
    MOSTAGANEM, 89 k.
  ⌂ • du Louvre.

Sainte-Marie-du-Zit (Tunisie), ⚑ ⚐
  Voir : Ruines : vestiges d'une église, mosaïque, sarcophage.
  Env. : Henchir-Harat, 8 k. (Ruines).
  Hammamet, 32 k.; SOUSSE, 115 k. — TUNIS ⊙ 55 k.

Sbeitla (Tunisie), ⚐
  Voir : Ruines de l'ancienne Sufetula, Temples; Porte monumen-
    tale; Pont; Arc de triomphe.
  Env. : Gorges pittoresques de l'Oued-Sbeitla.
  KAIROUAN, 119 k., TUNIS ⊙ 274 k. — LE KEF, 109 k. — GAFSA,
    135 k.

Sebdou (Oran), Ⓒ, 607 h., ⚑ ⚐ (alt. 920 m.).
  Env. : Les douze Apôtres sur la route de Tlemcen (Panorama
    superbe).
  TLEMCEN, 38 k.; ORAN ⊙ 178 k. — El Aricha, 56 k.
  ⌂ Auberge.

Sedrata (Constantine), 422 h., ⚑ ⚐ (alt. 900 m.).
  LE KEF, 153 k. — Aïn-Beïda, 45 k. — GUELMA, 64 k.; BÔNE ⊙
    128 k.
  ⌂ • des Voyageurs.

Sétif (Constantine), 9,281 h., 🚲 Est-Algérien, ☒ ✆ 🚃 (alt.
1,085 m.).
Voir : Promenade d'Orléans, vestiges romains.
Env. : Ruines grandioses de Djemila.
1° CONSTANTINE, 127 k. — 2° *via* Bordj-bou-Arréridj, 65 k.,
Bouïra, 183 k., Palestro, 229 k., Menerville, 254 k.; ALGER, 308 k.
3° BOUGIE, 114 k. (*rte totalement emp. et en bon état*).
🏨 •• de France et Molière, *rue de Constantine, 13.* (*S. de B.*)
(WC)
— •• de Paris, *rue de Constantine, 12.* (WC) [8] *gratuit,* 🚃
🛞 **Stock Michelin Collet,** *rue de Constantine, 29. Stock :* DE DION.
🛢 ⛽ ⓔ
— Level et Paulharis, *rue d'Aumale, 24, et rue de Constantine, 2.*
⛽ ⓔ ⚡
— Bavoillot, *rue d'Aumale. Cycles.* ⛽ ⓔ

Sfax (Tunisie), 45.000 h., 🚲 Sfax à Gafsa, ☒ ✆ 🚃
Voir : Jardins d'oliviers; Quartier arabe; Souks; Mosquée; Porte
du Diwan ; le Port.
Env. : Jardin public; Fesguias; Nsarias; Bokaât-el-Beïda, point
de vue; Ruines de Thyna; Phare.
1° *via* El-Djem, 64 k. (*rte empierrée en bon état*): Msaken, 128 k. (*rte empierrée en bon état*) : KAIROUAN, 176 k.; SOUSSE, 141 k. — 2° *via*
El-Djem, 64 k. (*rte empierrée en bon état*), Mehdia, 109 k. (*rte empierrée*), Monastir, 150 k. : SOUSSE, 171 k. — 3° *via* Maharès, 36 k.,
Bordj-Achichina, 72 k. (*rte empierrée en bon état*), Ouderef, 119 k. :
GABÈS, 136 k. — 4° *via* Maharès, 36 k., Bordj-Achichina, 72 k.
(*empierrée en bon état*) : GAFSA, 222 k.
🏨 •• Grand Hôtel de France, *boulevard de France.* TCF

Sidi-Bel-Abbès (Oran), 🚉, 24,265 h., 🚲 Ouest-Algérien, ☒ ✆
🚃 (alt. 474 m.).
Voir : Square; Mosquée; Palais de Justice; Théâtre; Eglise.
Env. : Aïn-Tellout.
1° ORAN 🚉 96 k. (*rte empierrée en bon état*). — 2° MASCARA, 91 k.
(*rte empierrée, pitt.*). — 3° *via* Magenta, 58 k.; El Aricha, 138 k.—
4° *via* Lamoricière, 58 k. (*rte pitt.*): TLEMCEN, 96 k. — 5° *via* Aïn-
Temouchent, 69 k. : RACHGOUN, 111 k.
🏨 • Continental, *rue Prudon.* (WC)
🛞 **Grand Garage** (Otto Buhler Dᵉ), *rue Prudon.* ⛽ ⓔ ⚡
— Pavia et Sancerne, *place Carnot.* ⓔ
— Alcaraz, *rue Prudon, cycles.*

Sidi-Ferruch (Alger), 248 h., 🚲, à 3 k. — ☒ ✆ de Staoueli
(alt. 15 m.). Très jolies Promenades.
Voir : Ruines romaines; Port; Monument commémoratif.
ALGER 🚉 20 k.
🏨 Auberge.

Sigus (Constantine), 🚲 Est-Algérien, ☒ ✆ (alt. 900 m.).
BATNA 🚉 119 k. — Aïn-Beïda, 73 k. — CONSTANTINE 🚉 38 k. —
GUELMA, 115 k.

Souk-Ahras (Constantine), ©, 6,245 h., 🚲 Bône-Guelma, ☒
✆ (alt. 700 m.).
Voir : Mosquée; Eglise; Hôtel de Ville.
Env. : Khemissa, 16 k.; Tijech, ruines et dolmens; Hammam-
Tassa, 10 k., eaux sulfureuses; Taoura; Hammam-oulad-Zeid.
LE KEF, 100 k. — Aïn-Beïda, 98 k. — GUELMA, 73 k. — BÔNE 🚉
105 k.
🏨 •• d'Orient. TCF

Sousse (Tunisie), 25,000 h., 🚲 Bône-Guelma, ☒ ✆ 🚃
Voir : Port; Musée; Kasbah; Nécropoles; Catacombes; Vestiges,
ruines de constructions phéniciennes, romaines; Ville indigène.
Env. : Kalaâ-Sghira; Hammam-Sousse; les Palmes; Ksiba; M'sa-
Ken; El-Djem; Monastir; Enfidaville.
1° *via* Enfidaville, 47 k., Bir-bou-Rekba, 83 k. : TUNIS 🚉 143 k.
2° *via* Monastir, 21 k. (*bonne rte empierrée*), Mehdia, 62 k.
(*pitt.*), El-Djem, 107 k. : SFAX, 171 k. — 3° *via* El-Djem, 77 k.
(*bonne rte empierrée*); SFAX, 141 k. — 4° *via* Msaken, 13 k. :
KAIROUAN, 61 k.
🏨 •• Grand Hôtel de France, *avenue Krantz.* (*S. de B.*) (WC) ◇ 🚃
— •• Grand Hôtel. (*S. de B.*) (WC) ◇ ⓔ 🚃 n° 2. *Adr. télégr.*
Lavit Sousse. (*Voir annonce, p. 74.*)
🛞 Messageries Françaises autom. de Tunisie.

Tabarka (Tunisie), ville très pittoresque, 895 h., ☒ ☏
   Voir : Très joli panorama sur le golfe.
   BÉJA, 73 k. ; TUNIS ◉ 171 k. — LE KEF, 115 k. — BÔNE ◉ 136 k.

Tablat (Alger), ⓒ, 173 h., ☒ ☏ — ▦ à Gué de Constantine, 54 k.
   (alt. 510 m.).
   MÉDÉA, 119 k. — MILIANA, 145 k. — Aumale, 65 k. — ALGER ◉ 60 k.
   ♨ * Grimaldi.

Takitount (Constantine), ⓒ, 490 h., ☒ ☏ — ▦ Est-Algérien, 35 k.
   (alt. 870 m.).
   Vue magnifique.
   Env. : Dra-Kalaoui, 5 k. (Ruines romaines) ; Source d'Aïn-Hunda,
   2 k.
   SÉTIF ◉ 45 k. — BOUGIE ◉ 69 k.

Tebessa (Constantine), 4,733 h., ▦ Bône - Guelma, ☒ ☏ (alt.
   1,000 m.).
   Voir : Temple de Minerve ; Arc de Triomphe ; les Thermes ;
   Kasbah ; Aqueduc ; Pont de Caracalla ; Fortifications ; Basilique.
   Env. : Gorges d'Orjhana ; Défilé de Temoukla ; Gorge du Djebel-
   Goura ; Ruines romaines de Periana ; Hydra ; Youks-les-Bains,
   grottes ; Gisements de phosphates de le Kouif et de le Dir.
   LE KEF (TUNISIE), 152 k. (piste médiocre). — GAFSA (Tunisie),
   115 k. (pitt. carr. — CONSTANTINE ◉ 200 k.
   ♨ * d'Orient.

Tebourba (Tunisie), ▦ Tunis-Bône, ☒ ☏
   Voir : Citernes ; Olivettes.
   Env. : Bathan, 2 k. (rte emple. rée), Pont et Barrage, XVIIe s. ;
   Ruines d'un pont romain.
   BIZERTE, 84 k. — TUNIS ◉ 32 k. — BÉJA, 76 k.

Teboursouk (Tunisie), 2,200 h., ☒ ☏ — ▦ à Pont de Trajan
   et à Medjez-el-Bab.
   Voir : Citadelle byzantine.
   Env. : Ruines de Dougga, 5 k. ; le Théâtre ; le Temple du Capi-
   tole.
   TUNIS ◉ 102 k. — LE KEF, 67 k. — BÉJA, 42 k.
   ♨ * de la Poste-Vayral.
   — * International, Borel.

Ténès (Alger), ⓒ, 2,326 h., ☒ ☏. — ▦ d'Orléansville, à 54 k.
   (alt. 50 m.).
   Voir : Vieux Ténès ; Phare.
   Env. : Le Dahra ; Gorges de Ténès ; Phare ; Mines du Djebel-
   Hadid.
   ORLÉANSVILLE, 54 k. (rte pitt.). — MILIANA, 151 k. — ALGER ◉
   283 k.
   ♨ * des Arts, rue d'Orléansville. (wc)
   🚋 Vigier.

Teniet-el-Haad (Alger), ⓒ, 1,051 h., ☒ ☏. — ▦ d'Affreville,
   à 60 k. (alt. 1,660 m.).
   Env. : Forêt de cèdres, 11 k.
   MILIANA, 67 k. (rte carr. par temps sec). — ALGER ◉ 199 k. —
   Chellala, 95 k. — ORLÉANSVILLE, 164 k
   ♨ * du Commerce. TCF

Testour (Tunisie), 3,500 h. ☒ ☏
   Voir : Magnifique panorama.
   Env. : Ruines de Coreva, à 10 k.
   BIZERTE, 136 k. — TUNIS ◉ 77 k. — LE KEF, 92 k. — BÉJA, 64 k.

Tiaret (Oran), 5,728 h., ▦ Tiaret-Mostaganem, ☒ ☏ (alt.
   1,005 m.).
   Voir : Cercle militaire ; Panorama ; Marché ; Église ; Synagogue ;
   Village indigène ; Très belle vue de la Montagne carrée.
   MILIANA, 171 k. ; ALGER ◉ 303 k. — MÉDÉA, 287 k. — MASCARA,
   141 k. — MOSTAGANEM, 158 k.
   Exo. : Frendah, 55 k.
   ♨ * du Commerce.

Timgad (Constantine), 150 h., ☒
   Voir : Théâtre ; Thermes du Sud ; Temple du Capitole ; Arc de

Timgad (*suite*).

triomphe; Château d'eau; Restes d'une porte monumentale du II⁰ s.; Agence; Musée.

Krenchela, 67 k. — BATNA ☉ 37 k. — CONSTANTINE ☉ 156 k.

🏛 ✶ Meille.

Tipaza (Alger), 349 h., 🚂 ✉ ⚓

Voir: Ruines antiques; les Thermes; Château d'eau; Théâtre; la grande Basilique; Cimetière chrétien; Basilique de Sainte-Salsa; deux beaux Sarcophages.

Env.: Cap Chouana, 12 k.

ALGER ☉ 71 k. — MÉDÉA, 93 k. — MILIANA, 13 k. — Cherchell, 30 k.

🏛 ✶ du Rivage.
— ✶ de France.

Tizi-Ouzou (Alger), ⟨SP⟩, 1,457 h., 🚂 Est-Algérien, ✉ ⚓

Voir: Sous-Préfecture; Square; Marché indigène.

Env.: Djebel-Bellona; Michelet; Dra-el-Mizan.

1° BOUGIE ☉ 130 k. — 2° *via* Bordj - bou - Arréridj, 187 k.: SÉTIF ☉ 252 k. — 3° Menerville, 51 k. (*rte en bon état*): ALGER ☉ 105 k. 4° Dellys, 47 k.

🏛 ✶ Lagarde.

Tlemcen (Oran), ⟨SP⟩, 22,273 h., 🚂 Ouest-Algérien, ✉ ⚓

Voir: Mosquées; Palais du Conseil; Musée; Rues pittoresques des Orfèvres et de Mascara; Souks; Boulevards, points de vue; Grand Bassin.

Env.: Bou-Médine; Mansourah; Agadir; Bréa; Ouzidan, cascades d'El-Ourit; Kefani; Aïn-Fezza.

1° Bachgoun, 60 k. (*bonne rte empierrée*). — 2° *via* Aïn-Temouchent, 67 k. (*rte empierrée, très dure*): ORAN ☉ 140 k. — 3° *via* Lamoricière, 38 k. (*rte pitt.*): SIDI-BEL-ABBÈS, 96 k. — 4° *via* Sebdou, 38 k. (*rte empierrée, dure*): El-Aricha, 94 k. — 5° Lalla-Maghnia, 48 k. (*rte empierrée*).

🏛 ✶✶ de France. (*S. de B.*) (wc) [8] *payant*.
— ✶ Charles, *place des Victoires.* (wc) ◇
🛏 Canivet, *route de Mansourah.* [S] Ⓕ
— Vincent, *rue du Théâtre.* [S] Ⓕ

Tozeur (Tunisie), ✉ ⚓ — 🚂 à Tebessa.

Voir: Mosquées; Oasis.

Env.: El Hamma, 9 k.

GAFSA, 86 k. — TUNIS ☉ 441 k. — Kebili, 90 k. — Nefta, 30 k.

Zaghouan (Tunisie), 🚂 Tunis-Zaghouan, ⊡ ⚓ (alt. 271 m.).

Voir: Porte monumentale (Ruines).

SOUSSE, 130 k. — KAIROUAN, 92 k. — TUNIS ☉ 65 k.

🏛 ✶ de France.

Zarzis (Tunisie), ✉ ⚓ 📟

Médénine, 60 k. — GABÈS, 140 k. — TUNIS ☉ 512 k.

Env.: à 6 k., Ruines de Ziau (forum et vestiges de trois temples).

Zeraïa (Constantine), 211 h., ⊡ ⚓ (alt. 385 m.).

CONSTANTINE ☉ 63 k. — SÉTIF ☉ 140 k. — Djidjelli, 98 k.

🏛 ✶ Honoraty.

LOIS ET RÈGLEMENTS
Relatifs à la Conduite et à la Circulation
des Automobiles en France

NUL NE PEUT CONDUIRE UNE AUTOMOBILE
s'il ne possède :

1° Son certificat de capacité.
2° Le récépissé de déclaration de son véhicule. (*Décret du 10 mars 1899.*)

POUR OBTENIR LE CERTIFICAT DE CAPACITÉ
il faut :

A. Fournir une demande sur papier timbré et l'adresser à M. le Préfet de Police pour Paris et au Préfet pour les départements.
B. Joindre à cette demande :
    1° Un certificat de domicile délivré à Paris par le commissaire de police du quartier, et dans les départements, par le maire de la commune.
    2° Une pièce justificative d'identité donnant l'état civil (*acte ou bulletin de naissance, acte de mariage, livret militaire, etc.*).
    3° Deux photographies non collées.
    Le certificat de capacité sera délivré sur cette demande régulièrement établie, après examen pratique subi devant le service des mines (1).

AVANT DE METTRE
EN SERVICE UNE VOITURE AUTOMOBILE
il faut :

A. En faire la déclaration sur papier timbré à 0 fr. 60 adressée à M. le Préfet de Police pour Paris ou au Préfet pour les départements, indiquant :
    1° Nom et prénoms du propriétaire,
    2° Son domicile,
    3° Le nom du constructeur de l'automobile,
    4° L'indication du type,
    5° Le n° d'ordre dans la série du type,
    6° Si la voiture peut ou non faire plus de 30 kilomètres à l'heure.
    Joindre à cette demande la copie du procès-verbal de réception du type par le service des mines (*la demander au constructeur*), et un certificat de ce dernier spécifiant, sous sa responsabilité, le maximum de vitesse du véhicule à l'heure en palier.
    Le récépissé de déclaration de mise en circulation d'une voiture automobile sera remis à l'intéressé par le Préfet du département après immatriculation par le Service des Mines.
B. Munir la voiture des numéros réglementaires **si elle peut faire plus de 30 kilomètres à l'heure.** (*Voir page suivante, règlement du 10 septembre 1901.*)
    Le conducteur d'une voiture automobile est tenu de présenter à toute réquisition de l'autorité :
    1° Son certificat de capacité,
    2° Le récépissé de déclaration du véhicule.

---

(1) Par décision ministérielle en date du 6 juillet 1901, l'Association Générale Automobile est autorisée à faire passer l'examen nécessaire pour l'obtention du permis de conduire.
    Grâce à cette innovation, l'Association Générale Automobile est en mesure de délivrer le permis de conduire 36 heures après l'examen et le dépôt du dossier complet.
    Les chauffeurs pourront désormais éviter des pertes de temps qui malheureusement étaient, à certaines époques de l'année, inhérentes au grand nombre de candidats.
    L'administration était alors obligée, si elle ne voulait procéder aux examens dans des conditions de hâte regrettable, de faire attendre ses convocations d'une manière parfois excessive.

Vente d'automobile. — Toute personne vendant une automobile doit remettre à son acheteur, en même temps que le véhicule, le récépissé de déclaration qui lui a été remis par le Préfet du département où la déclaration a été faite, et sur lequel récépissé (carte grise) figure le numéro d'immatriculation ou la mention « Néant » suivant le cas. Le numéro d'immatriculation est, en effet, caractéristique de la voiture, et non de la personne. Cette pièce est donc nécessaire à l'acquéreur pour souscrire utilement, et sans difficultés, sa déclaration.

Pour éviter ultérieurement toutes contestations et recherches administratives ou judiciaires, la personne cédant un véhicule pourra utilement aviser, par simple lettre, la préfecture où a été faite la déclaration, afin que note de cette mutation soit prise sur les registres d'immatriculation.

EXTRAIT DU DÉCRET DU 10 MARS 1899
PORTANT RÈGLEMENT RELATIF A LA CIRCULATION DES AUTOMOBILES EN FRANCE

Pour se procurer tous les décrets et circulaires relatifs à la circulation des automobiles, s'adresser à Paris à l'imprimerie CHAIX, rue de la Sainte-Chapelle, ou à la librairie CHEVALIER-MARESCQ et Cie, 20, rue Soufflot.

Art. 14. — Le conducteur de l'automobile *devra rester constamment maître de sa vitesse.* Il ralentira ou même arrêtera le mouvement, toutes les fois que le véhicule pourrait être une cause d'accident, de désordre ou de gêne pour la circulation.

La vitesse devra être ramenée à celle d'un homme *marchant au pas,* dans les passages étroits ou encombrés.

En aucun cas, la vitesse n'excédera celle de *30 kilomètres* à l'heure en rase campagne et celle de *20 kilomètres* à l'heure dans les agglomérations.

Art. 15. — L'approche du véhicule devra être signalée en cas de besoin au moyen d'une trompe.

Toute automobile sera munie à l'avant d'un feu blanc et d'un feu vert.

Art. 16. — Le conducteur ne devra jamais quitter le véhicule sans avoir pris les précautions utiles pour prévenir tout accident, toute mise en route intempestive, et pour supprimer tout bruit du moteur.

Art. 29. — Indépendamment des prescriptions du présent règlement, les automobiles demeureront soumises aux dispositions des règlements sur la police du roulage (*Loi du 30 mai 1851 et Décret du 10 août 1852*) dans les départements et aux ordonnances de Police du 10 juillet 1900 et 3 mai 1905, à Paris.

RÈGLEMENT DU 10 SEPTEMBRE 1901
VOITURES AUTOMOBILES POUVANT FAIRE PLUS DE 30 KIL. A L'HEURE

Art. 1. — Les numéros d'ordre à attribuer aux automobiles capables de marcher en palier à une vitesse supérieure à 30 kilomètres à l'heure, seront fixés par l'ingénieur en chef des mines de chaque arrondissement minéralogique.

Le numéro sera porté sur le récépissé de déclaration à remettre à l'intéressé.

TABLEAU DES LETTRES

ATTRIBUÉES AUX DIFFÉRENTS ARRONDISSEMENTS MINÉRALOGIQUES

ARRONDISSEMENTS minéralogiques	LETTRE	ARRONDISSEMENTS minéralogiques	LETTRE
Alais. (Gard, Hérault, Lozère, Ardèche.).	A	Marseille. (Départements de la côte, Corse.). . . .	M-V
Algérie.	A-L		
Arras. (Pas-de-Calais, Somme, Oise.)	R	Nancy. (Départements de l'Est, y compris l'Aube.). .	N-O
Bordeaux. (Département du sud de la Garonne, Charente - Inférieure, Dordogne, Lot-et-Garonne.).	B	Poitiers. (Départements du sud de la Loire, y compris le Loiret.). .	P-R
Chalon - sur - Saône. (Côte-d'Or, Jura, Ain Doubs, Yonne, Saône-et-Loire.). .	C	Rouen. (Seine-et-Oise, Seine-et-Marne, Eure, Eure - et - Loir, Seine-Inférieure, Orne, Calvados, Manche.).	Y ou Z
Chambéry. (Savoie, Hte-Savoie, Isère, Drôme, Basses-Alpes.).	H	St-Etienne. (Rhône, Loire.).	S
Clermont - Ferrand. (Puy - de - Dôme, Haute-Loire, Cantal, Allier, Nièvre.)	F	Toulouse. (Languedoc, y compris Tarn et Lot.). . .	T
Douai. (Nord, Aisne.).	D	Paris. (Ressort de la Préfecture de police.).	E, G, I, U, X
Le Mans. (Sarthe, départ de la Bretagne, Mayenne.) .	L		

Art. 2. — Ce numéro d'ordre sera formé d'un groupe de chiffres arabes suivi de lettres majuscules romaines caractéristiques du service de l'ingénieur en chef. Les lettres attribuées aux divers arrondissements minéralogiques seront, suivant les besoins, redoublées, puis suivies des indications 2.3....8.9...

Le numéro sera reproduit sur les plaques d'identité en caractères blancs sur fond noir avec les dimensions suivantes :

	PLAQUE avant	PLAQUE arrière
Hauteur des chiffres ou des lettres	75 m/m	100 m/m
Largeur uniforme du trait.	12	15
Largeur du chiffre ou de la lettre	45	60
Espace libre entre les chiffres ou les lettres. .	30	35
Hauteur de la plaque	100	120

Le groupe des chiffres sera séparé des lettres par un trait horizontal placé à mi-hauteur de la plaque, avec les dimensions suivantes :

	PLAQUE avant	PLAQUE arrière
Largeur (sens vertical)	12 m/m	15 m/m
Longueur (sens horizontal).	45	60
Espace libre entre le trait et les chiffres ou lettres.	30	35

Art. 3. — Les plaques seront placées de façon à être toujours en évidence dans des plans verticaux perpendiculaires à l'axe longitudinal du véhicule, l'axe de la plaque étant autant que possible sur cet axe longitudinal.

Art. 4. — La plaque d'arrière sera éclairée pendant la nuit par réflexion avec une intensité qui permette de lire le numéro d'ordre aux mêmes distances que le jour.

Toutefois on pourra, pendant la nuit, substituer à la plaque d'arrière une lanterne qui éclairera par transparence un verre laiteux recouvert d'une plaque ajourée, de manière que les caractères constituant le numéro se détachent en clair sur fond obscur avec les mêmes dimensions que celles indiquées à l'article 2.

Paris, le 11 septembre 1901.   Pierre BAUDIN.

Les plaques d'identité des motocycles et motocyclettes seront réduites en hauteur et en largeur suivant des données indiquées.

Les plaques d'arrière des motocyclettes ne sont pas astreintes à l'éclairage pendant la nuit.   Arrêté du 12 décembre 1901.

Les constructeurs de voitures automobiles et les propriétaires de ces véhicules pourront utilement consulter, pour tous renseignements précis sur la réglementation des véhicules à moteur mécanique: *L'Aide-Mémoire de l'Automobile.* — Réglementation. — Législation. — Jurisprudence, par M. J. DE PIETRA SANTA.

Vve Charles DUNOD, éditeur, quai des Grands-Augustins, 49.

RÈGLEMENTS
Relatifs à la Conduite et à la Circulation
des Automobiles en Algérie et Tunisie

Les extraits des lois et règlements relatifs à la conduite et à la circulation des Automobiles en France sont communs à l'Algérie et à la Tunisie, sauf les exceptions suivantes :

ALGÉRIE

La circulation des automobiles en Algérie est réglémentée par un décret en date du 28 mai 1902, qui reproduit toutes les dispositions des décrets du 10 mars 1899 et du 10 septembre 1901.

Le Gouverneur général de l'Algérie est toutefois substitué au Ministre des Travaux Publics, pour tous les droits conférés à ce dernier par les décrets précités.

Les récépissés de déclaration de mise en circulation, et les certificats de capacité délivrés par des Préfets des départements de France sont valables pour l'Algérie et réciproquement.

Le conducteur d'une voiture automobile ralentira, ou même arrêtera, toutes les fois que le véhicule pourrait être une cause d'accident, de désordre ou de gêne pour la circulation.

La vitesse devra être ramenée à celle d'un homme au pas dans les passages étroits et encombrés

En aucun cas, la vitesse n'excédera *15 kilomètres* à l'heure dans les agglomérations, et *30 kilomètres* à l'heure rase campagne. Cette vitesse devra d'ailleurs être réduite dans les tournants à une allure telle que le chauffeur puisse arrêter la voiture dans l'espace visible pour lui.

Toute automobile portera de chaque côté, en un endroit apparent, *UN NUMÉRO*, celui donné par le constructeur, en chiffres blancs de 12 centimètres de hauteur.

TUNISIE

Les essieux des automobiles ne peuvent avoir plus de 2 mètres 50 centimètres de longueur, ni dépasser, à leur extrémité, le moyeu de plus de 6 centimètres.

La saillie des moyeux, y compris celle de l'essieu, ne doit pas excéder, de plus de 12 centimètres, le plan passant par le bord extérieur des bandes. Il est accordé une tolérance de 2 centimètres sur cette saillie pour les roues qui ont déjà fait un certain service.

Tout propriétaire d'automobile est tenu de faire placer en avant des roues, du côté gauche de la voiture, *une plaque* métallique portant en langues française et arabe, et en caractères apparents et lisibles, ayant au moins 5 millimètres de hauteur, ses nom, prénoms et profession, le nom du lieu et du ~aïdat de son domicile.

La vitesse ne doit pas excéder *12 kilomètres* à l'heure dans les agglomérations, et *20 kilomètres* en rase campagne.

Le conducteur doit prendre la droite, quand bien même le milieu de la route ou de la rue serait libre.

Les automobiles ne peuvent circuler pendant la nuit ou en temps de brouillard, sans être pourvues de falots ou de lanternes allumés. En temps ordinaire, l'allumage aura lieu dès la chute du jour.

Ces falots ou lanternes doivent donner un feu blanc. Ils sont disposés à telle distance l'un de l'autre qu'ils comprennent entre eux la largeur totale de l'automobile. Ils doivent avoir une puissance d'éclairage et des dispositions telles, que le conducteur puisse distinguer nettement la voie et les objets en avant de lui dans un champ assez étendu pour pouvoir l'arrêter en temps utile.

Pendant la traversée des ponts autres que les ponts en maçonnerie, les automobiles ne doivent pas marcher à une vitesse supérieure à celle d'un homme *marchant au pas.*

Une automobile ne doit pas s'engager sur une travée, quand il y a déjà sur cette travée une autre automobile.

Pour les ponts qui n'offriraient pas toutes les garanties nécessaires pour le passage des automobiles d'un certain poids, il pourra être adopté, par le Directeur général des travaux publics ou par l'autorité locale, telles autres dispositions qui seront jugées nécessaires.

Les mesures prescrites pour la protection des ponts seront, dans tous les cas, placardées à l'entrée et à la sortie de ces ouvrages

---

LE DROIT PRATIQUE DU CHAUFFEUR

Tout Chauffeur est exposé à avoir des démêlés avec la police ou avec la justice. Il lui est donc nécessaire de posséder au moins quelques notions élémentaires de droit.

Nous avons, dans ce but, fait appel aux lumières d'un des maîtres du barreau parisien, spécialiste des questions d'automobile, M° Imbrecq.

En lisant les lignes qui suivent et en se reportant, au besoin, aux ouvrages cités, les Chauffeurs auront la solution de tous les cas qui peuvent les embarrasser.

CONTRAVENTIONS

Définition. — Est en état de contravention celui qui commet un manquement quelconque aux règlements, soit par défaut ou insuffisance d'éclairage, soit en tenant sa gauche au lieu de sa droite, soit par l'absence de plaques d'identité réglementaires, soit, et particulièrement, en commettant un excès de vitesse, etc.

Il y a *excès de vitesse* chaque fois que l'on dépasse la vitesse réglementaire, qui est de 30 kilomètres à l'heure dans la campagne, de 20 à l'heure dans les villes et agglomérations y compris Paris. Ce minimum est encore restreint dans beaucoup de communes par suite d'arrêtés municipaux; aux Bois de Boulogne et de Vincennes, la vitesse autorisée est celle de 12 à l'heure.

Constatation. — Les contraventions sont constatées soit par des procès-verbaux, soit par de simples rapports d'agents de police. Elles peuvent aussi l'être par des passants quelconques qui dénoncent le fait au parquet et servent eux-mêmes de témoins à charge contre le contrevenant. Les procès-verbaux font foi aux yeux du juge jusqu'à preuve contraire. Les rapports d'agents n'ont la valeur que de simples renseignements.

Effets. — Le contrevenant est cité devant le tribunal de simple police du lieu de la contravention, dans le délai maximum d'un an, passé ce délai, il y aurait prescription. Ce tribunal, que compose le juge de paix ou son suppléant, se tient au chef-lieu du canton; à Paris, au Palais de Justice, Cour de Mai. Il prononce des peines d'amende (15 francs au maximum) et de prison (cinq jours au maximum). Pour les simples défauts d'éclairage, de plaques, etc., amende de 1 à 5 francs; en cas de récidive seulement, prison. Pour les excès de vitesse, amende de 5 à 10 francs et en certains cas, trop souvent, hélas! emprisonnement de un à trois jours.

Attitude à prendre. — On est cité en simple police soit par citation d'huissier, soit par simple avertissement d'abord. Se présenter soi-même, ou se faire représenter par un mandataire muni d'un pouvoir enregistré sur papier timbré à 0 fr. 60.

Si l'on reconnaît la contravention, demander l'indulgence. Si on la conteste, si on redoute une peine sévère, surtout si l'on craint que la condamnation en simple police ne soit suivie d'un procès civil, se défendre ou se faire défendre par un avocat. Prouver son innocence, soit avec des témoins à décharge soit par des documents sérieux, soit par la discussion même des termes du procès-verbal.

Quand la peine prononcée dépasse 5 francs d'amende, on peut interjeter appel au greffe du tribunal, et ce dans les dix jours de la condamnation.

Contravention au vol. — Ce procédé de police, sans être absolument illégal, est fort dangereux et cause de beaucoup d'erreurs. Les Chauffeurs qui en sont victimes doivent se défendre énergiquement. (Consulter sur ce point : *Les Excès de vitesse en automobile et leur répression*) (1).

ACCIDENTS

Chauffeurs auteurs d'accidents. — Le Chauffeur auteur, même involontaire, d'un accident ne doit jamais chercher à fuir. Il doit au contraire s'assurer le concours de témoins, qui pourront attester son irresponsabilité, et faire noter toutes les circonstances, telles que place ou traces sur le sol de la voiture, description des avaries, etc., qui militent en sa faveur. Il ne pourra être condamné que si sa faute est démontrée.

La **dégradation d'objets matériels** n'entraîne guère que des conséquences pécuniaires.

L'écrasement d'un animal domestique peut donner lieu à des poursuites en simple police (Art. 479 du Code pénal) et ensuite à un procès civil. En ce qui concerne notamment les chiens écrasés, il existe une jurisprudence très variée, certains tribunaux étant très sévères pour les propriétaires qui laissent divaguer leurs chiens, et d'autres très sévères pour les automobilistes. Le Chauffeur ne peut, en tous cas, être condamné que si on relève à sa charge une faute qui a été la cause de l'accident. (Consulter *L'Automobile devant la justice*, chapitre V : Les Automobiles et les

... **ts de personnes** peuvent avoir des conséquences ... l'auteur de l'accident peut être cité en correctionnelle, soit par le Parquet, soit par la victime, et y être condamné à des peines d'emprisonnement fort élevées (Art. 319 et 320 du Code pénal). Il peut même être condamné à des dommages-intérêts plus ou moins lourds, soit devant le tribunal correctionnel, soit devant les tribunaux civils ou de commerce. Dans chacun de ces cas, il fera bien de se défendre judicieusement et de se faire assister de son avocat. Il serait imprudent en abandonnant la direction de ses intérêts à sa compagnie d'assurances.

Responsabilité civile. — En principe, on est civilement responsable de son mécanicien, de ses enfants mineurs, de ses employés. Mais cette question soulève des difficultés d'application fort complexes. En cas de doute, consulter : *L'Automobile devant la justice*, IIIe partie : La responsabilité des civilement responsables (2).

---

(1) *Les Excès de vitesse en automobile et leur répression* (Réglementation, jurisprudence, moyens de se défendre), Librairie Dunod et Pinat, 49, quai des Grands-Augustins, Paris, et principaux libraires (3 francs).

(2) *L'Automobile devant la justice* (Accidents, Responsabilités, Procès, Difficultés diverses). Questions de droit pratique mises à la portée de tous les conducteurs d'automobiles, chez Dunod et Pinat, 49, quai des Grands-Augustins, Paris, et principaux libraires (5 francs).

Chauffeurs victimes d'accidents. — Faire constater les dégâts de sa voiture par un huissier ou un expert, et ses propres blessures par un médecin. Retenir les noms et adresses de témoins. Si l'entente amiable est impossible, poursuivre l'auteur responsable, soit devant le juge de paix (maximum de la demande : 600 fr.), soit devant le tribunal correctionnel, civil ou de commerce; consulter au préalable, afin de bien connaître la juridiction compétente. Si l'accident est dû au fait d'un homme, le Chauffeur victime devra, pour le faire condamner, prouver que celui-ci a commis une faute. Si l'accident est survenu du fait d'un animal, par exemple par le fait qu'un chien s'est jeté sous la voiture et l'a fait verser ou dégradée, la responsabilité du maître de l'animal est de droit (Art. 1385 du Code civil).

Peu importe que dans l'accident le tiers responsable ait été lui-même victime, cela n'interdit nullement au Chauffeur de demander justice. De même, si le Chauffeur se voit attaqué par un tiers, il peut former contre celui-ci une *demande reconventionnelle* pour le préjudice qu'il subit lui-même. Exemple : vous écrasez un chien, qui du même coup fait verser la voiture ou fausse la direction; que le maître du chien vous poursuive ou non pour la valeur de sa bête, vous pourrez, vous, le poursuivre pour le tort qu'il a causé, soit à votre voiture, soit à vous-même, soit aux personnes de votre famille qui vous accompagnent.

LITIGES DIVERS

Le Chauffeur pourra encore avoir des difficultés avec le constructeur ou le vendeur de sa voiture, avec son réparateur, son loueur, son gareur, etc. Il y aura alors lieu à procès civil ou commercial, selon la nature du litige ou la qualité des parties. Dans tous les cas, le ministère d'un avocat inscrit à un barreau, et en certains cas celui d'un avoué, seront utiles. (Consulter sur ces points : *Les Litiges de l'automobile* (1).

LE CODE DE LA ROUTE

Le *Code de la route* (dont on trouvera le texte ci-dessous) n'a pas encore force de loi. J'estime néanmoins que, du moins lorsqu'un conflit a lieu entre deux automobilistes, les juges doivent s'en inspirer, et que celui qui aurait causé un accident en manquant à l'une des sages prescriptions de ce Code pourrait être, dans une certaine mesure, taxé d'imprudence.

J. IMBRECQ,
Avocat à la Cour d'appel de Paris.

CODE DE LA ROUTE
de M. J. PERRIGOT
PRÉSIDENT DE L'A.C. VOSGIEN — VICE-PRÉSIDENT DE LA F.A.C.R.F.

Adopté par l'ACF, l'AGA, la Ligue des Chauffeurs
le Touring-Club, l'AC d'Alsace-Lorraine
la Fédération des AC Régionaux, le Moto-Club de Belgique, etc, etc.

ART. 1er. — Sur la route libre on peut occuper le milieu de la chaussée, mais sous la condition de laisser assez d'espace à gauche pour permettre le passage d'une voiture plus vite allant dans le même sens.

---

(1) *Les Litiges de l'automobile* (Retards de livraison, Vices de construction, Responsabilité des vendeurs et constructeurs, Essais et Apprentissage, Réparations, Voitures d'occasion, Location, Accidents du travail), Conseils et jurisprudence sur ces matières. Dunod et Pinat, 49, quai des Grands-Augustins, et principaux libraires, Paris (6 francs).

Art. 2. — Croisement de deux voitures. — *a*) Deux voitures marchant en sens inverse se croisent en se tenant chacune à leur droite.

Elles doivent ralentir lorsque la route est manifestement trop étroite pour que les voitures puissent se croiser facilement : route étroite ou rétrécie accidentellement (tramways, dépôt de matériaux, etc.).

La vitesse sera même ramenée à celle d'un homme au pas si l'état de la route est tel que le croisement soit difficile.

b) Si deux voitures marchent à une vitesse différente dans le même sens, celle qui est devancée n'a qu'à garder sa droite.

La voiture qui devance devra signaler sa présence par des appels de trompe et ne s'engager que si l'espace libre est nettement reconnu.

c) On ne doit **jamais** dépasser une voiture dans un tournant ou, en vitesse, dans la traversée des agglomérations rurales.

Art. 3. — Virages. — *a*) Dans les virages découverts, c'est-à-dire où la vue de la route dans toute l'étendue du virage est complète, il n'y a pas de nécessité spéciale de ralentissement.

b) Dans tout virage où une portion quelconque de la route est masquée, on doit ralentir de façon à pouvoir stopper en 10 mètres.

Cette obligation s'impose plus rigoureusement en pays de montagne.

c) En tous cas, on ne doit, sous aucun prétexte, quitter sa droite et on doit faire usage de la trompe.

d) En cas d'impossibilité absolue, par exemple si la partie droite de la route est encombrée par un obstacle, l'automobiliste sera obligé de prendre sa gauche, mais alors il devra aller assez lentement pour pouvoir en cas de besoin arrêter en trois mètres au plus et faire des appels de trompe continuels.

Art. 4. — Croisements de routes. — *a*) Si le croisement de routes est absolument découvert, c'est-à-dire si la vue n'y est gênée par rien, il n'y a aucune obligation de modifier la vitesse si la route est libre.

Si deux voitures convergent vers le croisement découvert, le conducteur qui voit une voiture venir à sa droite doit lui céder le pas quelle que soit la largeur relative des routes; il devra donc ralentir en conséquence et, au besoin, s'arrêter.

b) Si le croisement est tel que la vue soit impossible ou même seulement gênée, toute voiture abordant le croisement doit ralentir sa vitesse au moins à 20 kilomètres à l'heure.

Si, en arrivant au croisement ainsi ralenties, deux voitures se découvrent tout à coup et risquent de se heurter, chaque conducteur doit invariablement virer sur sa droite, même si cette mesure lui fait quitter momentanément sa route.

Art. 5. — Traversée des agglomérations. — *a*) Dans la traversée des villes on se soumettra aux règlements spéciaux.

b) Dans celle des villages, la vitesse devra toujours être assez réduite pour que l'on puisse arrêter en 10 mètres si la route est large, et en trois mètres si la route est étroite.

L'usage de la trompe est obligatoire à l'abord des maisons isolées.

Art. 6. — Rencontres. — En approchant d'hommes et d'animaux on doit les prévenir par des appels de trompe, jusqu'à ce que leur attention ait été manifestement éveillée, et ralentir sensiblement si la route est étroite.

Si les animaux manifestent de la frayeur, on doit sans exception ralentir et, si cela est nécessaire, arrêter la voiture et même le moteur.

Art. 7. — Accidents de personnes. — En cas d'accident, il faut s'arrêter et porter secours dans toute la mesure possible aux victimes de l'accident.

Quand les blessés seront en sécurité et que les soins médicaux leur seront assurés, on devra s'occuper de recueillir sans tarder tous les témoignages capables d'établir les circonstances de l'accident.

Art. 8. — Une automobile croisant au moment de l'accident devra également s'arrêter pour offrir son assistance la plus complète aux blessés d'abord, puis aux auteurs de l'accident toujours présumé involontaire.

Art. 9. — Avaries, Pannes, Accidents à la voiture. — *a*) Tout automobiliste doit aide à son camarade qui le lui demande.

b) Une voiture en panne demande de l'aide de la façon suivante :

1° S'il fait jour, en agitant un bras dans un plan perpendiculaire à la route, la figure tournée vers la voiture dont on sollicite l'arrêt, ou en plaçant ostensiblement sur la voiture un drapeau blanc fait au besoin avec un mouchoir.

2° La nuit, en agitant une des lanternes en travers de la route.

ART. 10. — En cas de panne d'essence, le chauffeur qui en sera requis doit à son camarade la quantité d'essence qu'il aura disponible en excédent.

Cette essence sera payée comptant.

LIGUE DES CHAUFFEURS

Association pour la défense des Automobilistes en France

SIÈGE SOCIAL : 35, RUE DEROÈRE, PARIS (9° arr.)

Téléphone 266-40

Les Bureaux sont ouverts toute la journée

La Ligue des Chauffeurs a pour but de prendre la défense des Chauffeurs, propriétaires d'automobiles, devant toutes les juridictions françaises et dans tous les cas où ils peuvent avoir des procès relatifs à leur qualité de Chauffeur.

Cette défense est gratuite lorsque le Comité juge que le cas est d'intérêt général et que le Chauffeur doit être défendu avec les ressources de la Ligue.

Pour tous les autres cas, les membres de la Ligue sont défendus sans dérangements pour eux par les membres de la Commission Consultative de Contentieux, tous spécialistes de valeur, dans des conditions peu onéreuses, alors que trop souvent les automobilistes ont recours, pour les représenter dans tous leurs conflits, à des hommes d'affaires n'offrant pas toutes les garanties désirables.

La Ligue poursuit, en outre, l'abrogation de toutes les lois, arrêtés, décrets restrictifs de la Liberté en matière automobile.

Elle a des délégués et des correspondants judiciaires auprès de toutes les Cours et Tribunaux.

En résumé, elle est à la fois un organe de combat et de défense, n'empiétant d'aucune manière sur les attributions des autres associations et voulant, par sa spécialisation, faire beaucoup de besogne utile.

La Ligue a un organe officiel mensuel, "Les Petites Annales de l'automobile." Il est adressé gratuitement à tous les membres de la Ligue et à toute personne qui en fait la demande.

DOUANES

FORMALITÉS POUR L'IMPORTATION

ALGÉRIE

Les automobilistes français n'ont aucune formalité à remplir. Les automobilistes étrangers sont soumis aux mêmes conditions que pour leur entrée en France.

Formalités pour l'entrée en France, des automobilistes étrangers.

1° — Formalités en pays étrangers avant l'entrée en France. — D'une façon générale, pour pouvoir rentrer en franchise dans son pays d'origine, un automobiliste étranger qui importe sa voiture en France, doit se faire délivrer aux bureaux de douanes, avant de passer la frontière, un passavant descriptif, ou une déclaration de libre sortie, indiquant le signalement du véhicule et faire apposer un plomb.

Ces passavants sont le plus souvent valables pour un an, et permettent d'effectuer des allées et venues de chaque côté de la frontière pendant la durée de la validité de la pièce.

2° — Formalités en France après passage de la frontière. — IMPORTATION DÉFINITIVE. — Les droits de douanes sont acquittés complètement dans l'un des bureaux français situés à la frontière.

IMPORTATION TEMPORAIRE. — Il existe trois régimes :

1° — RÉGIME DE LA CONSIGNATION DES DROITS. — On dépose au bureau français les droits d'entrée applicables aux automobiles, on obtient en échange un reçu de consignation valable pendant un an.

La restitution de la somme consignée doit être réclamée à la sortie du territoire (quel que soit le bureau de douane), au moment de la réexportation des voitures et motocycles. Les droits consignés ne peuvent être remboursés qu'au titulaire du reçu, ou à un tiers muni d'une procuration dans la forme indiquée au verso de la pièce de consignation.

2° — RÉGIME DE L'ACQUIT-A-CAUTION. — On peut obtenir une franchise temporaire sous la garantie d'un acquit-à-caution, par lequel l'automobiliste s'engage conjointement avec une caution, dûment agréée, à réexporter son véhicule dans le délai maximum d'une année.

La décharge de l'acquit doit être réclamée à la sortie du territoire (quel que soit le bureau de douane), au moment de la réexportation des voitures ou motocycles.

3° — RÉGIME DU TRIPTYQUE. — Pour éviter les formalités inhérentes, soit à la recherche d'une caution, soit à la consignation des droits au bureau d'entrée, il est loisible aux touristes étrangers de se faire délivrer par une association ou fédération sportive, dûment accréditée, un titre de libre circulation appelé *triptyque*, sous la présentation duquel ils peuvent franchir la frontière, dans l'un ou l'autre sens, à condition de se conformer strictement aux formalités énoncées sur l'imprimé.

Le régime du triptyque n'est admis que pour les touristes des pays dans lesquels les touristes français jouissent du traitement de réciprocité.

Le triptyque présente les avantages suivants :

1° — Éviter à l'automobiliste les formalités de douanes longues et fastidieuses, surtout à la sortie, pour le remboursement des fonds, que l'on ne peut toujours obtenir.

2° — Éviter la perte occasionnée par le change.

3° — Eviter d'emporter des sommes d'argent considérables.

4° — Permettre le passage de la frontière à toute heure du jour et de la nuit, sans être astreint à se présenter aux heures d'ouverture et de fermeture des bureaux pour le dépôt des droits ou leur remboursement.

Le triptyque se compose de trois volets : une *souche*, un *volet d'entrée* et un *volet de sortie*.

(a) *Souche*. — La souche porte diverses indications permettant de reconnaître l'identité du véhicule. Elle est laissée entre les mains du titulaire du permis, pour lui servir éventuellement de justification.

(b) *Volet d'entrée*. — A l'importation, le receveur du bureau d'entrée contrôle l'identité du véhicule. Il complète la souche et l'estampille. Il détache le volet d'entrée qu'il conserve et inscrit l'importation sur un registre spécial.

(c) *Volet de sortie*. — A la réexportation, le receveur, après avoir contrôlé l'identité du véhicule, complète la souche, l'estampille, et détache le volet de sortie qui est aussitôt envoyé au bureau par lequel a eu lieu l'importation.

Si l'on fait usage du triptyque plusieurs fois, on doit faire viser le certificat chaque fois qu'on passe à la frontière.

Le régime du triptyque est applicable en France, Allemagne, Belgique, Hollande, Italie et Suisse, par l'intermédiaire des automobile-clubs et touring-clubs.

Nota important. — Depuis le 22 février 1905 :

Les propriétaires étrangers de voitures automobiles, importées sous le régime de la consignation des droits de l'acquit-à-caution, ou du triptyque, ont la faculté de passer la frontière dans l'un et l'autre sens, sous le couvert de la pièce dont ils sont porteurs, sauf à en provoquer la régularisation lors de leur retour définitif à l'étranger, et, en toute hypothèse, avant l'expiration du délai imparti.

Mais il appartient aux intéressés de prendre leurs dispositions pour faire constater chacun de leurs passages par les bureaux des points de sortie ou de réintroduction, après reconnaissance de l'identité des véhicules.

Toute lacune dans l'annotation des titres de circulation, en interrompant l'alternance nécessaire des visas successifs de sortie et de retour, ne pourrait que suspendre la validité ultérieure des titres.

Si, par suite du nombre des mentions apposées, le verso des reconnaissances de consignation, dont le format est relativement restreint, devient insuffisant pour de nouvelles inscriptions, les receveurs peuvent y suppléer par l'adjonction de feuilles annexes de mêmes dimensions, préalablement revêtues des références utiles.

TUNISIE

IMPORTATION DÉFINITIVE.

Les voitures automobiles de construction française entrent en franchise. Les voitures de construction étrangère paient un droit de 8 % ad *valorem*.

IMPORTATION TEMPORAIRE.

1° VOITURES DE MARQUES FRANÇAISES. — Les voitures automobiles *neuves ou usagées* portant des marques françaises ou algériennes, sont exonérées du paiement des droits, si l'importation s'effectue par mer ou par voie ferrée.

2° VOITURES DE MARQUES ÉTRANGÈRES. — Les automobiles de construction étrangère, *à l'état neuf* ou *paraissant neuves*, doivent consigner les droits d'entrée. Le remboursement est effectué au moment de la sortie du territoire.

Les voitures de *touristes* présentant des *traces manifestes d'usage* peuvent être exemptées du paiement des droits, si les propriétaires souscrivent une soumission dûment cautionnée par laquelle ils s'engagent à réexporter leur voiture dans un délai de 6 mois. Il leur est alors remis un passavant descriptif qui permet de reconnaître l'automobile à la sortie.

DROITS D'ENTRÉE
Applicables aux voitures automobiles importées de l'Étranger en France ou en Algérie.

Les voitures automobiles sont différemment traitées, selon que le *départ* [1] entre le moteur et la voiture est facilement praticable ou non.

1er Cas : Départ praticable. — Chaque partie est taxée au droit qui lui est propre : le moteur, au droit des machines dynamo-électriques ou des moteurs thermiques ; la voiture, au droit des voitures, selon l'espèce et la catégorie (*Voir tableau A ci-dessous*).

2e Cas : Départ non praticable. — L'ensemble (*carrosserie et moteur*) est taxé au droit des voitures, selon l'espèce et la catégorie ; le poids total du moteur et de la voiture servant de base pour la détermination de la catégorie (*Voir tableau B ci-dessous*).

Les accumulateurs, facilement séparables, suivent le régime qui leur est propre (*Voir tableau C ci-dessous*).

	DÉSIGNATION		TARIF GÉNÉRAL [2]	TARIF MINIMUM [3]
A Droits sur les Voitures proprement dites	Voitures de carrosserie destinées au transport des personnes.	Voitures pesant 125 k ou plus (*N° 614 du Tarif.*)	Les 100 k. net Fr. 60 »	Les 100 k. net Fr. 50 »
		Voitures pesant moins de 125 k. (*N° 614*)	150 »	120 »
	Voitures servant au transport des marchandises.	Voitures suspendues (*N° 614*)	15 »	12 »
		Voitures non suspendues (*N° 614*)	Les 100 k. brut 8 »	Les 100 k. brut 6 »
B Droits sur les Moteurs	Voitures avec moteurs dynamo-électriques (*N° 524*).		Les 100 k. net Fr. 45 » ou 100 »	Les 100 k. net Fr. 30 » ou 80 »
	Voitures avec moteurs thermiques (*gaz ou pétrole*), (*N° 510*).		30 » ou 18 »	20 » ou 12 »
C	Taxe spéciale pour les accumulateurs électriques dont le départ avec la carrosserie est possible.	Accumulateurs adaptés ou non à un véhicule (*N° 576 bis*)	Les 100 k. net Fr. 21 »	Les 100 k. net Fr. 16,50
		Droits sur la carrosserie et les organes mécaniques	*Tarif A ci-dessus*	*Tarif A ci-dessus*
D	Motocyclettes.	Droit sur le poids total (*moteur compris*).	250 »	220 »

(1) On dit qu'il y a *départ* entre le moteur et la voiture quand on peut facilement séparer la carrosserie et le châssis.

(2) Le tarif général ou de droit commun est applicable aux produits originaires des pays *non-contractant*, c'est-à-dire n'ayant avec la France ni traité, ni arrangement commercial.

(3) Le tarif minimum ou de faveur est applicable aux produits originaires des pays *contractant*, c'est-à-dire qui sont liés avec la France par un traité ou par une convention de commerce.

TUNISIE { Les voitures de marques françaises entrent en franchise.
Les voitures de marques étrangères paient suivant le tarif ci-dessous :

Voitures destinées au transport des personnes. { 8 % de leur valeur, ou, sur demande des intéressés, application du tarif minimum algérien.

Voitures destinées au transport des marchandises. { Mêmes droits que pour l'Algérie avec application du tarif minimum.

Articles divers particulièrement susceptibles d'occasionner des ennuis à la douane.

Le tabac, surtout les cigares et les cigarettes, sont frappés de droits très élevés; cependant il y a souvent une certaine tolérance pour la consommation personnelle du voyageur. Dans ce cas, si on a l'intention de se rendre à Paris, prier les douaniers de coller sur la boîte une étiquette préalablement revêtue des références utiles, afin d'éviter des ennuis à l'octroi de la capitale.

L'importation des allumettes est prohibée.

Les comburants, essence, alcool, etc..., sont, en principe, passibles de droits lors de chaque introduction ou réintroduction; toutefois, dans la pratique, le service est autorisé à admettre en franchise des approvisionnements de route, de comburants *autres qu'à base d'alcool* contenus dans les réservoirs *normaux* des automobiles ou motocycles, à l'exclusion de tout autre récipient, lorsque ces véhicules proviennent des pays où les automobilistes français jouissent de la réciprocité.

TAXE SUR LES AUTOMOBILES

Les automobiles sont imposés suivant l'*article 3* de la loi du *13 avril 1898* et l'article 5 de la loi du *13 juillet 1900*.

Quiconque devient propriétaire d'une voiture automobile ou de tout autre véhicule à moteur mécanique doit en faire la déclaration dans les trente jours qui suivent son acquisition, en exécution des articles 11 de la loi du *2 juillet 1862* et 9 de la loi du *23 juillet 1879*, soit à la mairie de la commune de sa résidence, soit à la mairie de la commune où son automobile séjourne habituellement.

VILLES COMMUNES OU LOCALITÉS DANS LESQUELLES LE TARIF EST APPLICABLE	SOMMES A PAYER non compris les 5 % de non-valeurs pour chaque voiture automobile		
	A 1 ou 2 places	A plus de 2 places	Par chaque cheval-vapeur ou fraction de cheval-vapeur
Paris (1).	50 fr.	90 fr.	5 fr.
Communes ayant plus de 40.000 habitants.	40	75	5
De 20.001 à 40.000 habitants.	30	60	5
De 10.001 à 20.000 habitants.	25	50	5
De 10.000 hab. et au-dessous.	20	40	5

MOTOCYCLES ET QUADRICYCLES

Taxe uniforme de 12 francs par appareil et par place.
Une voiturette remorque à une place **12 francs.**
—   —   à deux places **24 francs.**

(1) En plus de la taxe ordinaire indiquée ci-dessus, les automobiles sont frappées à Paris d'une taxe municipale égale à la première (loi de 1901).

Un registre est ouvert dans chaque mairie pour la réception de cette déclaration.

Le propriétaire qui manquerait à cette prescription s'exposerait à payer double taxe.

La déclaration doit indiquer : la nature de la voiture ou du véhicule, le nombre de places, la force en chevaux du moteur, car ces différents éléments doivent servir de base à l'impôt en vue duquel est faite la déclaration.

Une fois la déclaration faite, le propriétaire n'a plus à la renouveler tant qu'il n'apporte à son véhicule aucune modification : ainsi en a jugé le Conseil d'Etat dans un arrêt du 27 octobre 1900.

Mais le propriétaire doit faire une nouvelle déclaration dès qu'il change sa résidence ou qu'il modifie son véhicule. S'il aggrave son état imposable en substituant par exemple une voiture plus forte à une moins forte, il doit le déclarer dans les trente jours. S'agit-il au contraire d'une suppression de voiture ou d'une diminution ou d'un changement de résidence amenant diminution de taxe, il fera bien de le déclarer avant le 15 janvier au plus tard sous peine de se voir encore imposé l'année suivante comme il l'a été l'année précédente.

Ne sont assujetties à l'impôt que les voitures servant au transport des personnes.

En sont complètement exemptes, quoique servant au transport des personnes, les voitures faisant exclusivement le service de voitures publiques, celles possédées par les marchands de voitures et exclusivement destinées à la vente ou à la location, et celles possédées en vertu des règlements militaires.

Bénéficient d'une exemption de moitié, les voitures habituellement employées au service de l'agriculture ou d'une profession patentée, exception faite pour certaines professions comme celles des avocats, architectes, avoués, ingénieurs civils et autres non admis à l'exemption; les médecins et vétérinaires au contraire bénéficient de l'exemption de moitié.

La taxe est due pour l'année entière pour toute voiture que l'on possédait au 1er janvier.

Pour toute voiture acquise en cours d'année, la taxe est due à partir du 1er du mois pendant lequel on en est devenu acquéreur. Si l'on remplace une voiture par une autre plus imposable, on doit la différence à partir du 1er du mois pendant lequel le changement a eu lieu.

Non seulement la propriété, mais la possession d'une automobile, même dont on ne se sert pas, rend passible de la taxe.

Sont passibles de la contribution au tarif ci-dessus, les voitures automobiles non suspendues, si d'ailleurs elles sont destinées au transport des personnes.

Les voitures automobiles, ainsi que les tracteurs et les voitures attelées à ces tracteurs, sont passibles de la taxe des prestations dans les conditions prévues par la loi du 21 mars 1836.

Le tarif de conversion en argent de la taxe de prestation des automobiles et tracteurs est arrêté chaque année par le Conseil général. Il ne peut dépasser celui des voitures à traction animale dont la taxe est la plus élevée. Ce tarif peut être majoré à raison du nombre de chevaux-vapeur, la taxe correspondante à chaque cheval-vapeur ou fraction de cheval-vapeur ne devant pas être toutefois supérieure au tiers de la taxe afférente à la bête de trait la plus imposée.

TRANSPORT PAR MER

Les services maritimes entre l'Algérie, la Tunisie et l'Europe sont assurés par quatre compagnies principales : la Compagnie Générale Transatlantique, la Compagnie de Navigation mixte, la Société des Transports maritimes et la Navigazione générale italiana (Florio et Rubattino).

Nous indiquons par des signes conventionnels, sur nos cartes, les ports d'Algérie et Tunisie desservis par chacune de ces Compagnies et les ports avec lesquels ils sont en relations (Voir *Atlas* et sa Légende, pages 131 et suivantes).

Nous donnons ci-dessous et par Compagnie, les renseignements les plus intéressants pour le transport des passagers et des automobiles.

Compagnie Générale Transatlantique (CGT)

Siège social et Bureau du Fret } Paris, 6, rue Auber.

MARSEILLE : 9, quai de la Joliette — 12, rue de la République.

TABLEAU DES ITINÉRAIRES DES LIGNES RAPIDES

I.
- Marseille { Départ les lundi, mercredi, samedi et jeudi à 1 h. soir.
- Alger { Arrivée les mardi, jeudi et dimanche à 3 h. soir, et vendredi à 8 h. soir. Départ les lundi à 3 h. 30 soir. — Mardi, jeudi et samedi à midi 30.
- Marseille { Arrivée les mardi à 10 h. 30 soir; mercredi, vendredi et dimanche à 3 h. soir.

II.
- Marseille — Départ, dimanche à midi.
- Bougie { Arrivée, mardi à 1 h. 30 matin. Départ, jeudi à 8 h. 30 soir.
- Marseille — Arrivée, samedi 10 h. matin.

III.
- Marseille — Départ, samedi midi.
- Philippeville { Arrivée, dimanche 6 h. soir. Départ, lundi minuit.
- Bône { Arrivée, mardi 4 h. matin. Départ, mardi 11 h. soir.
- Marseille — Arrivée, jeudi 6 h. matin.

IV.
- Marseille — Départ, mardi 5 h. soir.
- Bône { Arrivée, mercredi minuit. Départ, jeudi 6 h. soir.
- Philippeville { Arrivée, jeudi 10 h. soir. Départ, vendredi midi.
- Marseille — Arrivée, samedi 6 h. soir.

TABLEAU DES ITINÉRAIRES DES LIGNES RAPIDES *(Suite)*

	Marseille	— Départ, samedi 5 h. soir.
	Oran	Arrivée, lundi 10 h. matin. Départ, lundi 11 h. soir.
V.	Carthagène	Arrivée, mardi 8 h. matin. Départ, mardi 8 h. soir.
	Oran	Arrivée, mercredi 5 h. matin. Départ, jeudi 5 h. soir.
	Marseille	— Arrivée, samedi 10 h. matin.

Services côtiers

1° **Alger-Bougie** : Bougie, Djidjelli, Alger, Bougie. — Départ de Bougie, mardi à 9 h. soir. — Départ d'Alger, mercredi à 8 h. soir.

2° **Alger-Tunis** : Alger, Bougie, Djidjelli, Collo, Philippeville, Bône, La Calle, Tabarka, Bizerte, Tunis et retour par les mêmes ports. — Départ d'Alger, samedi à 8 h. soir. — Départ de Tunis, jeudi à 10 h. soir.

3° **Bizerte-Sousse** : Bizerte, Tunis, Sfax, Sousse, Tunis, Bizerte. — Départ de Bizerte, samedi minuit. — Départ de Sousse, mardi 3 h. soir.

TABLEAU DES DÉPARTS DE MARSEILLE

Pour Alger	Lundi *(Rapide)*	à 1 h. s.
	Mercredi *(Rapide)*	à 1 h. s.
	Jeudi	à 1 h. s.
	Samedi *(Rapide)*	à 1 h. s.
— Bizerte	Vendredi *(Direct)*	à midi.
— Bône	Mardi *(Direct)*	à 5 h. s.
	Samedi *(via Philippeville)*...	à midi.
— Bougie	Dimanche *(Direct)*	à midi.
	Jeudi *(via Alger)*	à 1 h. s.
— Collo	Jeudi *(via Alger)*	à 1 h. s.
— Djidjelli	Jeudi *(via Alger)*	à 1 h. s.
— La Calle	Samedi *(Transbord¹ à Bône)*...	à midi.
— Oran	Jeudi *(Rapide)*	à 5 h. s.
	Samedi *(Rapide)*.............	à 5 h. s.
— Philippeville	Samedi *(Direct)*	à midi.
	Mardi *(via Bône)*	à 5 h. s.
— Tabarka	Samedi *(Transbord¹ à Bône)*..	à midi.
— Tunis	Lundi *(Direct)*..............	à midi.
	Vendredi *(via Bizerte)*.......	à midi.
— Sfax	Vendredi *(via Bizerte-Tunis)*..	à midi.
— Sousse	Vendredi *(via Bizerte-Tunis)*..	à midi.

Sous réserves de modifications de services, quarantaines, etc.

TARIF DE FRET ET FRAIS ACCESSOIRES

pour le Transport des Motocycles,

Motocyclettes et Voitures automobiles

F R E T	Motocyclettes	l'unité,	25 fr.
	Motocycles.	—	50 —
	Automobiles jusqu'à 700 kgs.	—	75 —
	— — 1500 —	—	120 —
	— au-dessus de 1500 —	—	150 —

Embarquement Débarquement Tonnage	Motocycles Motocyclettes Voitures	Minimum de 0 fr. 50 par 1000 kgs. 3 à 4 fr. par 1000 kgs, suivant destination.

Frais extra d'embarquement par ponton à Marseille	Voitures excédant 1500 kgs, ou celles dont les dimensions ou la conformation ne permettent pas le chargement par les moyens du bord.	40 fr. *par opération*

Frais extra de déchargement par ponton	Voitures comme ci-dessus.	*Frais suivant tarif du port de déchargement.*

Transit et camionnage à Marseille	Voitures arrivant en grande vitesse, par 1000 kgs . . .	12 fr. 50
	Voitures arrivant en gare d'Arenc, par 1000 kgs. . .	10 — »
	Voitures arrivant en P. V., voie des quais, par 1000 k.	5 — »
	Voitures amenées au quai d'embarquement, par voiture	5 — »

Timbres et frais divers	*par expédition*	3 fr. »

Assurance maritime (*sur demande*)	Motocycles et Motocyclettes.	0 fr. 20 par 100 fr.
	Voitures (*contre risques maritimes*).	0 — 40 par 100 fr.
	Voitures (*contre tous risques y compris la casse, si ce dernier mode d'assurance est spécialement demandé*) . .	5 — 20 par 100 fr.

La Compagnie se réserve toujours le droit de charger les automobiles sur le pont, soit parce qu'il n'y a pas toujours de place en cale, soit parce que les dimensions de certaines voitures sont telles qu'elles ne peuvent passer par le panneau de charge.

La Compagnie Générale Transatlantique se charge de transporter du domicile de l'expéditeur, à Paris, à l'un des ports ci-dessus, les véhicules à traction automobile, à condition que ceux-ci soient emballés.

Si le véhicule n'est pas emballé, l'expéditeur est alors obligé de l'envoyer lui-même au représentant de la Compagnie à Marseille.

Il devra revendiquer le tarif d'exportation P. V n° 30, et spécifier :

Agent de la Compagnie Générale Transatlantique,
pour M. X..., d'Alger.

Le transport lui coûtera :
Bercy-Marseille (gare) : 5 fr. 50 par 100 kgs.

Nota. — Au départ de Marseille, les voitures accompagnées, pour profiter du départ du même jour, sous réserve de place à bord, devront s'y trouver comme suit :

1° Celles en grande vitesse, être arrivées en gare avant 8 heures du matin.

2° Celles remises à quai d'embarquement, y être arrivées à 9 heures du matin au plus tard, et l'expéditeur devra se présenter au bureau du Transit de l'agence pour fournir tous renseignements utiles.

Les voitures remises non emballées seront transportées aux risques et périls de leurs propriétaires.

Compagnie de Navigation Mixte (N M)

Siège social : LYON, 41, rue de la République.

Agences { MARSEILLE, 51, rue Cannebière.
PARIS, MM. Marzolffet et Cⁱᵉ, agents, 51, rue du Faubourg-Poissonnière.

TABLEAU DES ITINÉRAIRES DES LIGNES RAPIDES

		Rapide	Direct
I.	Marseille —	Départ, jeudi, 6 h. soir.	mardi 6 h. soir.
	Alger {	Arrivée, vendredi minuit. Départ, dimanche midi.	jeudi 6 h. matin. vendredi midi.
	Marseille —	Arrivée, lundi 8 h. soir.	samedi minuit.
II.	Marseille —	Départ, jeudi midi.	
	Philippeville {	Arrivée, vendredi 9 h. soir. Départ, samedi 10 h. matin.	
	Bône {	Arrivée, samedi 3 h. soir. Départ, dimanche midi.	
	Philippeville {	Arrivée, dimanche 5 h. soir. Départ, lundi midi.	
	Marseille —	Arrivée, mardi 9 h. soir.	
III.	Cette —	Départ, samedi minuit.	
	Port-Vendres {	Arrivée, dimanche 5 h. matin. Départ, dimanche 5 h. soir.	
	Alger {	Arrivée, lundi 6 h. soir. Départ, mercredi midi.	
	Port-Vendres {	Arrivée, jeudi 1 h. 30 soir. Départ, jeudi.	
	Cette —	Arrivée, jeudi.	
IV.	Cette —	Départ, jeudi minuit.	
	Port-Vendres {	Arrivée, vendredi 5 h. matin. Départ, vendredi 3 h. 30 soir.	
	Oran {	Arrivée, samedi 9 h. soir. Départ, lundi midi.	
	Port-Vendres {	Arrivée, mardi 6 h. soir. Départ, mercredi 10 h. matin.	
	Cette —	Arrivée, mercredi 3 h. soir.	

Lignes commerciales et Services côtiers

1° Marseille-Bizerte-Tunis (*hebdomadaire*) et Palerme (*par quinzaine*). — Retour par Tunis et Marseille (*départ de Marseille le samedi*).

2° Marseille-Oran-Nemours-Gibraltar-Tanger-Nemours-Oran-Marseille.

3° Marseille-Oran-Nemours-Tanger-Malaga-Nemours-Oran-Marseille.

TARIF DE FRET ET FRAIS ACCESSOIRES

pour le transport des Motocycles,

Motocyclettes et Voitures Automobiles

FRET	Motocyclettes. . . . . l'unité.	25 fr.	
	Motocycles . . . . . . —	50 —	*de quai*
	Automobiles jusqu'à 600 kgs.. . . . . . . —	75 —	*à quai.*
	Automobiles de 600 à 1200 kgs. . . . . . —	150 —	
	Automobiles de 1200 à 2000 kgs. . . . . . —	150 —	*de bord*
	Par 1000 kgs. au-dessus de 2000 kgs . . . . . —	70 —	*à bord.*

Frais extra d'embarquement par ponton { Frais supplémentaires d'embarquement ou de débarquement par ponton. } *variables suivant les ports.*

Timbres et frais divers { Par expédition. . . . . 1 fr. 50

Assurance maritime *(sur demande)* { Automobiles mises dans la cale. . . . . . . 0 fr. 20 par 100 fr. / Automobiles chargées sur le pont . . . . . 0 fr. 40 — —

Sur le pont, les avaries particulières ne sont pas couvertes par l'assurance.

La Compagnie se réserve toujours le droit de charger les automobiles sur le pont, soit parce qu'il n'y a pas toujours de place en cale, soit parce que les dimensions de certaines voitures sont telles qu'elles ne peuvent passer par le panneau de charge.

La Compagnie se charge de transporter les véhicules à traction automobile, du domicile de l'expéditeur à Paris, à l'un des ports d'Algérie et Tunisie qu'elle dessert. Paris (domicile) à Marseille (sans palans), embarquement et débarquement à destination compris : 6 fr. 90 par 100 kilogr.

Société générale

des Transports Maritimes à vapeur

Siège social : 8, rue Ménars (rue du 4-Septembre), Paris.
Direction de l'exploitation : 3, rue des Templiers, Marseille.
Agents à Paris : G. Puthet et Cie, 22, rue Albouy.

SERVICE HEBDOMADAIRE D'ALGER ET MARSEILLE

Alger { Départ, mercredi, samedi, 5 heures du soir. / Arrivée, vendredi, lundi, matin.
Marseille — Départ, mercredi.

Société générale des Transports Maritimes à vapeur

(Suite)

MARSEILLE, ALGER (Bi-hebdomadaire)
Marseille — Départ, mercredi, samedi.
Alger — Départ, mercredi, samedi.

MARSEILLE, BOUGIE (via Philippeville)
Marseille — Départ, samedi.
Philippeville — Départ, mercredi.
Bougie — Départ, mardi.

MARSEILLE, ORAN (Hebdomadaire)
Marseille — Départ, Mardi.
Oran — Départ, Samedi.

MARSEILLE, BONE (Hebdomadaire)
Marseille — Départ, lundi.
Bône — Départ, jeudi.

TARIF DE FRET ET FRAIS ACCESSOIRES
Pour le Transport des Motocycles,
Motocyclettes et des Voitures Automobiles

De Marseille à Alger, Oran, Bône, Bougie, Philippeville

FRET
- Automobiles jusqu'à 700 kgs. L'unité. Frs. 66 50) de
- — de 700 kgs. à 1500 kgs. — — 125 » (quai
- Au-dessus de 1500 kgs. (avec minimum de (à
- 150 fr.). Les 1000 kgs.. . . . . 61 ») quai

Appliqué seulement aux voitures pesant plus de 1500 kgs. ou à celles qui ne peuvent, en raison de la fragilité de leur carrosserie, être embarquées par les treuils du navire.

Frais d'embarquement et débarquement par ponton.
- à **Marseille**, 5 fr. par 1000 kgs. avec minimum de . . . . 40 fr.
- à **Oran**, 8 fr. par par 1000 kgs. avec minimum de . . . . 50 fr.
- à **Alger**, 5 fr. par 1000 kgs. avec minimum de . . . . 25 fr.
- à **Bougie**, 10 fr. par 1000 kgs. avec minimum de . . . . 25 fr.
- à **Philippeville**, 5 fr. par 1000 kgs. avec minimum de . . . . 25 fr.
- à **Bône**, 130 fr. par colis n'excédant pas 4000 kgs.

La Société se réserve la faculté de charger sur le pont les voitures qui, en raison de leurs dimensions, ne peuvent trouver place en cale.

La Société peut, si on lui en adresse la demande, prendre les voitures en gare de Marseille et les conduire au quai d'embarquement. Il faut en ce cas adresser l'envoi *à la Société des Transports maritimes, gare de Marseille-Joliette, voie des quais.*

Les tarifs sont :

Pour les colis jusqu'à 700 kgs. 5 fr. par tonne.
— — de 700 à 1500 kgs. 7 fr. 50 —
— — de 1500 à 5000 kgs. 10 fr. —

Navigazione Générale Italiana

SOCIETA RIUNITE

FLORIO ET RUBATTINO

Siège social et direction générale : Rome, via Della Mercédès, 9.

SIÈGES : GÊNES, piazza Acquaverde.
NAPLES, via Agostino Depretis.
PALERME, piazza Marina.
VENISE, Campos-Stefano.

AGENTS : PARIS, A Levi Bram (8, place de l'Opéra).
NICE, Martini et Cie.
TUNIS, I. et V. Florio.

SERVICE HEBDOMADAIRE DE GÊNES, TUNIS ET LA TRIPOLITAINE

Gênes. — Départ, vendredi 9 h. soir.
Livourne. — Arrivée samedi 5 h. m. Départ, dimanche 1 h. m.
Cagliari. — Arrivée, lundi 6 h. m. Départ, lundi, 7 h. s.
Tunis. — Arrivée, mardi 11 h. 30 m.
Monastir, Mehdia, Sfax, Gabès, Gerba.
Escales à Monastir, Mehdia, etc.
Tripoli. — Arrivée, dimanche 6 h. m.

Retour de Tripoli par Malte, Syracuse, Catane, Reggio, Messine, Naples et Gênes (hebdomadaire). Départ de Tripoli le dimanche.

SERVICE HEBDOMADAIRE DE GÊNES, NAPLES A MALTE
TRIPOLI ET TUNIS

Naples. — Départ, le samedi 2 h. 30 soir
Reggio, Catane, Syracuse, Malte.
Tripoli. — Arrivée le jeudi 6 h. soir.
Tripoli. — Départ, le jeudi 5 h. soir.
Gerba, Gabès, Sfax, Medhia, Monastir, Suse.
Tunis. — Arrivée, le lundi 5 h. matin.

Retour par Cagliari, Livourne, Gênes.

SERVICE HEBDOMADAIRE DE PALERME A TUNIS

Départ, le jeudi 10 h. matin de Palerme. Arrivée à Tunis le samedi 7 h. 30 soir. — Départ, le dimanche à 8 h. soir de Tunis, Arrivée à Palerme le mardi 5 h. du soir.

Pour tous renseignements concernant le transport des voitures, s'adresser aux bureaux de la direction ou dans les agences.

AUTRES COMPAGNIES

* **COMPAGNIE MÉDITERRANÉENNE DE NAVIGATION (Lignes commerciales)**
9, boulevard Carnot, Alger.

Service régulier entre Alger, Marseille, Cette.

* **COMPAGNIE HAVRAISE PÉNINSULAIRE (Lignes commerciales)**
Agent à Alger : THIBAULT FRÈRES

Départ du Havre les 1er, 11 et 21 de chaque mois pour Alger, Oran, Philippeville et Bône.

* **DEUTSCHE-OST-AFRIKA-LINEE (Ligne de paquebots)**
SERVICE DE GÊNES A ALGER

Service d'Algérie : départ d'Alger les 1er, 10 et 20 de chaque mois pour Malte.

* Pour tous Renseignements s'adresser aux Agents de la Compagnie.

TRANSPORT PAR VOIE FERRÉE

I. — ALGÉRIE

GRANDE VITESSE

Voitures et Voiturettes, par kilomètre

	Véhicule à 1 fond	Véhicule à 2 fonds
Bône-Guelma. Est-Algérien. Etat-Algérien.	0 fr. 74	0 fr. 96
P.-L.-M. Ouest-Algérien.	0 fr. 56	0 fr. 7168

Frais de manutention (chargement et déchargement) : 2 fr. par voiture.

Motocycles et Motoyclettes

Bône-Guelma Est-Algérien Etat-Algérien	0 fr. 50 par tonne et pr km.	Si le colis, par suite d'un emballage trop volumineux, ne pèse pas 200 kgs. pour un volume de 1 mètre cube, le prix est majoré de 50 p. cent.
Ouest-Algérien	0 fr. 40 par tonne et pr km.	Si le colis, par suite d'un emballage trop volumineux, ne pèse pas 200 kgs. pour un volume de 1 mètre cube, le prix est majoré de 50 pour cent.

P.-L.-M.	1-100 kilom.	0 fr. 35 par tonne et par km.		
	101-200 —	0 fr. 30	—	—
	201-300 —	0 fr. 35	—	—
	301-400 —	0 fr. 20	—	—
	401 et plus.	0 fr. 12	—	—

PETITE VITESSE

Motocycles, Tracteurs automobiles, Tricycles automobiles, Voitures automobiles, Voitures automotrices

En caisse jusqu'à 300 kgs.	0-100 km.	0 fr. 16 pr tonne et prkm.		
	101-200 —	0 fr. 15	—	—
	201-300 —	0 fr. 09	—	—
	301-400 —	0 fr. 04	—	—
	401-426 —		—	—

plus 1 fr. 50 par tonne pour frais de manutention.

Avec majoration de 50 % pour les colis ne pesant pas 200 kgs. sous le volume de 1 mètre cube, et sans que la taxe par véhicule puisse être inférieure à celle prévue ci-dessous.

P.-L.-M. Ouest-Algérien

Voiture à 1 fond.	0 fr. 25	par voiture et par kilomètre, plus 2 fr. de manutention par voiture ou 1 fr. 50 par tonne.
— 2 —	0 fr. 32	

Ces *minima* de perception ne sont pas applicables aux véhicules en caisses dont le poids, emballage compris, n'excède pas 300 kgs.

	1re SÉRIE	0-100 km.	0 fr. 16 par tonne et par km
	DU TARIF	101-200 —	0 fr. 15 — — en sus
	GÉNÉRAL	200 et au-dessus, 0 fr. 14 — — —	

plus 1 fr. 50 par tonne de frais de manutention.

Bône-Guelma
Est-Algérien
État-Algérien

Avec majoration de 50 % pour les colis ne pesant pas 200 kgs. sous le volume de 1 mètre cube, et sans que la taxe par véhicule puisse être inférieure à celle prévue ci-dessous.

Voiture à 1 fond : 0 fr. 25.
Voiture à 2 fonds : 0 fr. 32
par voiture et par kilomètre.

Manutention par voiture (chargement et déchargement) 2 fr.

Ces *minima* de perception ne sont pas applicables aux véhicules en caisse dont le poids, emballage compris, n'excède pas 300 kgs.

TARIF SPÉCIAL P. V. No 28

Voitures automobiles ou automotrices

Par kilom. sous condition d'un parcours de 100 km., ou payant pour 100 kilom.

Bône-Guelma
Est-Algérien
État-Algérien
P.-L.-M.
Ouest-Algérien

Par plateforme portant de 1 à 5 voitures pesant au plus 3000 kgs. . 0 fr. 50
Par voiture en sus sur la même plateforme. . . . . 0 fr. 10

Manutention par le commerce.

II. — TUNISIE

GRANDE VITESSE

Bône-Guelma. — Même tarif qu'en Algérie.

PETITE VITESSE

Voitures et Voiturettes

Bône-Guelma

Voiture à 1 fond, 0 fr. 37
— à 2 — 0 fr. 48

par voiture et par km., plus 2 fr. de manutention par voiture.

Motocycles et Motocyclettes

0 fr. 24 par tonne et par kilomètre, avec majoration de 50 % si le colis ne pèse pas 200 kgs. sous le même volume d'un mètre cube, plus 1 fr. 50 par tonne pour frais de manutention.

FOSSE A RÉPARATIONS

CONSEILS POUR SON ÉTABLISSEMENT

Le nombre toujours croissant des véhicules automobiles augmente de jour en jour la fréquence des réparations qu'il est nécessaire d'exécuter en cours de route, et l'utilité des fosses de visite n'est plus à démontrer. Plusieurs chauffeurs nous ont demandé des renseignements à ce sujet. On trouvera ci-dessous, pour la construction de ces fosses, les bases générales données par le Touring-Club de France.

Dimensions.

Nous avons adopté une longueur de trois mètres (escalier en plus) et une largeur de quatre-vingt-dix centimètres; la profondeur, qui ne doit pas être trop grande, a été prévue par nous de 1 m. 10 prise du sol où l'ouvrier marche, c'est-à-dire le dessus du plancher à claire-voie, dit caillebotis, garnissant le fond, jusqu'à l'orifice.

Nature des Matériaux.

Nous conseillons de monter les murs formant les parois en meulière ou en moellons de roche, hourdés en mortier de ciment Portland; le fond de la fosse en béton de cailloux et ciment Portland. Le tout (les murs et le radier) sera recouvert d'un enduit plastique du même ciment, parfaitement lisse et repassé jusqu'à siccité afin d'obtenir une étanchéité parfaite. Les angles d'intérieur seront arrondis en gorges pour éviter l'adhérence des matières grasses et faciliter le lavage.

Le fond du radier aura une pente dirigeant l'écoulement des eaux résiduaires et de lavage vers un orifice d'évacuation qu'il sera bon de munir d'un siphon empêchant les émanations de remonter et facilitant le nettoyage.

Ce siphon sera à panier, garni d'une grille afin de parer aux engorgements et aussi afin de s'opposer à ce que les corps durs s'engagent dans la canalisation de vidange.

Un double rebord formant feuillure au pourtour du radier supportera le caillebotis.

Caillebotis.

On appelle ainsi le plancher ajouré disposé au fond de la fosse afin d'éviter que l'ouvrier ne marche dans les liquides, huile, pétrole, eaux de lavage, etc., lesquels s'écoulent ainsi au fur et à mesure à travers les vides ménagés à cet effet.

Ce caillebotis est formé de lames en bois de hêtre réunies au moyen de fers à T ou de cornières, divisées en cinq panneaux indépendants et mobiles, ce qui permet de les enlever facilement, soit pour nettoyer le fond du radier et le siphon, soit pour rechercher un outil ou un organe tombé au cours d'un travail de réparation.

Éclairage et Lavage de la Fosse.

Dans l'épaisseur et au milieu de chacune des parois longitudinales, il est ménagé une niche destinée à recevoir une lampe d'éclairage mobile permettant l'approche des organes. Dans le cas où il existerait une installation électrique, une prise de courant dans chaque niche rendrait facile l'emploi de la lampe à incandescence munie d'un treillis de fer, dite « balladeuse ».

Dans l'une ou l'autre de ces niches, une prise d'eau avec robinet à raccord fileté permettant d'y adapter un tuyau de caoutchouc pour le lavage des châssis et aussi pour le lavage de la fosse elle-même.

Sol au-dessus de la fosse.

Lorsque la fosse n'est pas située dans un local isolé, spécialement affecté à ce service, il est nécessaire, en vue d'éviter des
chutes et par suite des accidents de personnes ou de matériel, de
la recouvrir d'un plancher mobile affleurant le sol.

Ce plancher sera divisé en six panneaux pour faciliter son maniement; ces panneaux seront ferrés afin de les raidir, et ils auront
chacun deux entailles permettant d'y passer la main pour les soulever.

Dans le sens de la longueur et au niveau du sol, un rebord
mobile formé d'une cornière en fer pivotant sur charnière se ra-
battra au dehors et constituera le guidage des roues à écartement
normal.

Pour les voiturettes, motocycles ou autres, à écartement variable
et de petites dimensions, nous avons adopté, en employant la même
fosse, le dispositif suivant :

Des supports en fer, au nombre de deux ou trois, sont placés
transversalement. Ces supports reçoivent un fer à U posé dans le
sens longitudinal, lequel constitue un rail mobile suivant les écar-
tements des roues des petits véhicules.

Très certainement des modifications heureuses pourront être
apportées à ces dispositions, et nous serions particulièrement désireux que les praticiens voulussent bien nous faire part de leurs
observations.

Ajoutons que la dernière fosse construite suivant les données
ci-dessus est celle de l'Automobile-Club de France, et qu'au cours
des travaux de réparation de véhicules automobiles qui s'exécutent
constamment dans ce garage, travaux que nous sommes appelés
à suivre régulièrement, aucune plainte, aucune remarque contre
les dispositions adoptées pour la construction de la fosse n'ont été
formulées.

Gustave RIVES,
Architecte, Membre du Comité Technique.

(Extrait de l'*Annuaire du TCF*.)

LES PANNES EN AUTOMOBILE

Extrait de la notice du capitaine d'artillerie H. Genty (de la Tou-
loubre).

Cette note permettra aux débutants de reconnaître plus facilement les causes de panne.

L'emploi du mémento ci-dessous prévient toute omission.

LES PANNES DE MOTEUR

1° LE MOTEUR REFUSE DE PARTIR

Allumage. — Fiche oubliée ou mal enfoncée. — Contact du
coupe-circuit non rétabli. — Pas assez d'avance à l'allumage. —
Porcelaine de bougie humide, — cassée, — ensuiffée. — Fils coupés
ou contacts desserrés. — Contact à la masse mal établi. — Trembleur platiné rompu. — Vis platinée déréglée. — Accumulateurs
ou piles déchargés.

Carburation. — Réservoir d'essence vide. — Pointeau ou
robinet fermé. — Tube d'amenée d'essence bouché. — Prise de
gaz trop fermée. — Prise d'air trop ouverte.

Compression. — Segments collés. — Soupapes brisées. —
Culasse ou cylindre fendu.

2° LE MOTEUR A DES RATÉS

Allumage. — Bornes desserrées. — Contacts desserrés. —
Fils mis à nu. — Huile sur le trembleur. — Trembleur platiné
faussé ou mal réglé. — Vis platinée déréglée. — Platine rongé.
— Porcelaine de bougie cassée. — Bougie descellée. — Eau ou
boue sur la bougie. — Fils dénudés.

Carburation. — Carburateur déréglé, — noyé. — Débit d'essence trop faible. — Réchauffage insuffisant ou exagéré.

Soupapes. — Mal rodées. — Ressorts trop faibles ou trop forts. — Ressort d'échappement rompu.

Moteur. — Circulation d'eau arrêtée. — Trop d'huile dans le moteur.

3° LE MOTEUR RALENTIT ET NE FAIT PAS SA FORCE

Allumage. — Voir le paragraphe précédent : « Ratés. »

Carburation. — Voir également « Ratés ».

Soupapes. — Joint d'aspiration sur le moteur desserré. — Tige de soupapes d'échappement trop longue. — Ressorts trop reculés.

Le moteur chauffe. — Graissage insuffisant. — Manque d'eau dans le réservoir. — Pompe ne fonctionnant pas. — Canalisation d'eau obstruée, rompue.

Le moteur ne comprime plus. — Segments usés. — Soupapes mal rodées ou cassées. — Robinet de compression ouvert.

4° LE MOTEUR S'ARRÊTE BRUSQUEMENT

Allumage. — Circuit rompu, soit par desserrage, soit par rupture d'un fil. (Revoir le paragraphe 1°.)

Carburation. — Plus d'essence dans le réservoir. (Revoir le paragraphe 1°.)

Moteur. — Ressort de la soupape d'aspiration brisé. — Soupape cassée. — Grippage du piston ou de l'axe.

LES REMÈDES AUX PANNES

I. — PANNES D'ALLUMAGE ÉLECTRIQUE

1° Source d'énergie tarie ou trop pauvre, d'où nombreux ratés, impossibilité de mettre en route.

S'assurer que les accus donnent au moins 4 volts, et les piles 4 ampères.

Remède. — Changer piles ou accus, emporter un accu de rechange. Toujours vérifier au départ.

2° Courant non établi (par omission).

Remède. — Mettre simplement en place la fiche oubliée dans sa poche ou tourner le commutateur s'il y en a un.

3° Fil de circuit coupé mis à nu ou mal fixé sur les bornes. Le moteur fait alors des difficultés pour partir, donne de nombreux ratés, s'arrête brusquement.

Pour s'en assurer, vérifier que le courant est établi, que la source d'énergie est assez riche; séparer alors la bougie de son fil, et, maintenant l'extrémité de celui-ci à 3 ou 4 m/m de la culasse, tourner la manivelle de mise en marche; l'étincelle ne doit pas passer.

Remède. — Vérifier méthodiquement toute la canalisation électrique, serrer les écrous de bornes, s'assurer que le fil n'est pas à nu au point de contact avec le cadre; entourer de plusieurs révolutions de Chatterton les parties suspectes ou susceptibles de toucher les pièces métalliques; si le fil est coupé, faire une ligature.

Si l'on ne trouve pas la fuite, tenir d'une main une partie métallique de la voiture pendant que de l'autre on suit le fil et qu'un aide tourne la manivelle; la secousse qu'on éprouve dès qu'on arrive au point non isolé, fait découvrir le contact. Pour ne pas risquer de remonter la canalisation de travers, exiger toujours que le constructeur livre le schéma bien clair.

4° Ressort interrupteur cassé, faussé, mal réglé, formant contact permanent avec la vis platinée, le moteur donne des ratés ou s'arrête net.

Remède. — Si les vérifications données par la panne 1, 2, 3, n'ont rien donné, on doit voir la panne de ressort; si le ressort est cassé, le remplacer; s'il est faussé, le remplacer par le ressort de rechange ou le redresser avec précaution; si le ressort est mal fixé sur sa borne, serrer la vis de borne à fond et bien essuyer le ressort. Si le ressort est mal réglé, trop près ou trop loin de l'extrémité de la vis platinée, desserrer la vis de la borne fendue qui supporte la vis platinée, amener l'extrémité de cette vis à un millimètre du ressort; puis, le moteur en marche, introduire un tourne-vis dans la fente de la tête de la vis platinée et visser ou dévisser doucement jusqu'à ce que les ratés cessent et que les explosions soient bien régulières; serrer alors fortement la borne fendue à l'aide de sa vis. Si la bobine est à trembleur, cette panne n'a généralement pas lieu, car le ressort interrupteur sert simplement de frotteur et fonctionne toujours, à moins d'être mal fixé sur sa borne; c'est alors :

5° **Le trembleur de la bobine qui ne fonctionne pas,** même symptôme que dans le cas précédent : faire tourner lentement la manivelle jusqu'à ce que le frotteur appuie sur le contact de la came : le ressort doit vibrer vigoureusement.

Remède. — Ouvrir le couvercle de la borne; inspecter, faire vibrer, nettoyer.

6° **Porcelaine de bougie cassée ou ensuiffée,** ce qui amène des difficultés au départ, des ratés surtout à l'avance à l'allumage.

Remède. — Changer la bougie.

II. — PANNES DE CARBURATION

1° PANNES D'ESSENCE

L'essence est de mauvaise qualité ou éventée. La bonne essence reste claire, très propre, pèse de 680 à 700°, ne laisse pas de trace sur le papier en séchant; employer le densimètre.

L'essence vient à manquer. Toujours emporter un bidon de réserve.

2° PANNES DE CARBURATEUR

A). — **Carburateur noyé :** L'essence en excès déborde dans la chambre à gaz et tombe de là sur le sol, cause de nombreux ratés; la voiture laisse une mauvaise odeur. Causes : le pointeau obturateur fonctionne mal.

a). — Parce que le flotteur cessant d'être étanche se remplit d'essence par la fissure. Percer alors un petit trou à la partie supérieure par lequel on peut facilement sortir l'essence entrée. A l'étape, remettre en état au moyen d'un point de soudure.

b). — L'orifice d'arrivée d'essence est égueulé. Le roder à l'aide du pointeau et d'un peu de potée d'émeri délayée dans l'huile.

c). — La tige du pointeau est faussée, la redresser avec précaution.

B). — **Carburateur ne débitant pas assez, parce que :**

a). — Le flotteur est trop léger ou les leviers-bascules sont faussés : lester convenablement le flotteur de quelques gouttes d'étain ou provisoirement d'une pièce de 50 centimes que l'on perce pour enfiler la tige supérieure. Un flotteur est bien lesté quand il permet au pointeau d'arrêter l'arrivée de l'essence au moment où le niveau du liquide arrive dans le gigleur, 3 ou 4 ᵐ/ₘ au-dessous de l'orifice de sortie.

b). — Des corps étrangers se sont introduits et obturent la canalisation, orifice du gigleur bouché.

Remède. — Enlever le gigleur, dévisser les purgeurs, laisser couler l'essence. Démonter le carburateur et le nettoyer à fond.

d). — Le réchauffage de la chambre à gaz est insuffisant.

Remèdes. — Envelopper le carburateur avec des chiffons.

III. — PANNES DE SOUPAPES

Elles peuvent tenir : 1° au besoin de réglage et de rodage des soupapes; 2° à des ressorts trop faibles ou brisés; 3° à des ruptures de soupapes.

La soupape d'échappement est piquée ou porte mal sur son siège : la roder. La tige est devenue trop longue : la limer jusqu'à ce qu'elle soit à la longueur voulue.

La soupape doit se soulever un peu avant le commencement de l'expulsion des gaz, mais jamais après. Il doit exister un jour de deux millimètres environ entre l'extrémité de sa tige et celle du guide pendant les trois temps : aspiration, compression, travail utile.

Dès que les ressorts deviennent trop mous, les changer. Il faut toujours avoir des ressorts de rechange réglés d'avance à la longueur voulue. En cas de rupture de soupape, le moteur s'arrête net, et il n'y a plus de compression dans le moteur.

Remède. — Changer de soupape; la longueur de la tige, surtout de la soupape d'échappement, ayant une grande importance, il est prudent de procéder d'avance au réglage des soupapes de rechange de façon à n'avoir qu'à les mettre en place après rodage.

IV. — PANNES DE CIRCULATION D'EAU

1° Absence d'eau dans le réservoir au moment du départ.
Remède. — Toujours faire le plein au départ et s'assurer que la circulation se fait normalement.
2° Fuite en route dans le réservoir ou la canalisation.
Remède. — Réparer au moyen du tube en caoutchouc.
3° Obturation de la canalisation : la vérifier.
4° Non-fonctionnement de la pompe: la démonter; ou du termo-siphon : le vérifier.

V. — PANNES DE GRAISSAGE

Le moteur peine, les organes crient. Avoir soin de faire au départ le plein de tous les graisseurs, de promener la burette à huile sur tous les paliers, sur les parties frottant, sans oublier les chaînes. Avoir un bidon d'huile de réserve dans son coffre.
En cas de graisseur à pression, vérifier la sortie de la graisse à l'extrémité du tube d'amener; graisser souvent et peu à la fois.

VI. — PANNES DE PNEUS

Voir l'instruction sur l'emploi du pneu au début du guide, p. 11.

VII. — PANNE D'EMBRAYAGE

Cette panne est peu à craindre lorsqu'on possède un cône dont le cuir a trois ou quatre centimètres de large; elle se reconnaît quand, au début d'une côte, le moteur continue à marcher à la même cadence, bien que la voiture ait diminué de vitesse. Causes :
1° Le ressort d'embrayage n'est pas assez fort.
Remède. — Tendre le ressort et graisser avec soin le palier sur lequel glisse le cône. Si inversement le ressort est trop tendu, l'embrayage se fait brutalement et le désembrayage est difficile : détendre un peu le ressort et mettre de la plombagine sur le cuir.
2° Le cuir est usé : il faut retirer le cône, enlever le vieux cuir, fixé par des petits rivets ou des vis en cuivre dont il faut posséder quelques douzaines, et faire faire un cuir neuf, par un bourrelier.
En cours de route, et pour gagner l'étape, prendre des pointes dites «épingles» de 25 à 30 m/m de long et les enfoncer de place en place entre le cuir et le cône.

VIII. — PANNES DE TRANSMISSIONS

Parmi celles qu'on peut traiter soi-même, on peut citer : rupture de chaînes ou tension de chaînes; rupture de courroies ou tension de courroies; pignons déclavetés ou déboulonnés.
Il faut toujours avoir des maillons neufs de rechange. La tension des chaînes a une grande importance; les deux chaînes doivent toujours être tendues très également.

FREINS

Toujours en vérifier le fonctionnement au départ.
Les accidents principaux sont : 1° Usure de la garniture de cuir, bois ou métal. Avoir toujours ces rechanges et des rivets.
2° Rupture de la lame d'acier : river les deux parties de la lame cassée l'une sur l'autre; avoir toujours un frein de rechange. Se faire montrer toujours le réglage du frein au moment de l'acquisition de la voiture.

CARTOGRAPHIE

~~~~~~~

1° **Algérie** (Carte topographique de l') au 50 000°, en 7 couleurs, en cours de publication depuis 1883. 158 feuilles sont publiées.

Prix de la feuille. . . . . 1 fr. 50

2° **Algérie** (Carte de l') au 200 000°, en 4 couleurs, en cours de publication. 42 feuilles sont publiées.

Prix de la feuille. . . . . : 0 fr. 70

Tableau d'assemblage de ces deux cartes :

Grand format . . . . 0 fr. 50
Moyen format . . . . 0 fr. 25

3° **Algérie** (Carte générale de l') au 800 000°, en couleurs, 6 feuilles.

Prix de la feuille . . . . 1 fr. »

1° **Tunisie** (Carte topographique de la), au 50 000°, en couleurs, en cours de publication. 56 feuilles sont publiées.

Prix de la feuille . . . . 1 fr. 50

2° **Tunisie** (Carte de la), au 100 000°, en couleurs. Elle comprend les parties du territoire de la Régence non publiées, au 50 000°. En cours de publication. 31 feuilles sont publiées.

Prix de la feuille . . . . 1 fr. 20

3° **Tunisie** (Carte de la), au 200 000°, en couleurs, 41 feuilles.

Prix de la feuille. . . . . 0 fr. 70

Tableaux d'assemblage de la Tunisie, aux 50 000°, 100 000° et 200 000°. Moyen format. . . . . 0 fr. 10

4° **Tunisie** (Carte de la), au 800 000°, en couleurs, 2 feuilles.

Prix de la feuille. . . . . 1 fr. »

On trouve ces cartes :

A Paris, chez H. Barrère, éditeur, *21, rue du Bac.*
A Alger, chez Jourdan, libraire, *12, place du Gouvernement.*
A Tunis, chez Danguin, libraire, *21 bis, rue Al Djazira.*

Tunisie (Carte routière de la), en couleurs, à l'échelle du 500 000° (Direction générale des Travaux publics).

Prix. . . . . 5 fr. »

~~~~~~~

JOURNAUX & PUBLICATIONS PÉRIODIQUES

Spéciaux à l'Automobile et aux Sports

1º QUOTIDIENS :

L'Auto. — *Journal de Sports.*

Abonnements { Un an : France, Algérie et Tunisie. . . . 20 fr.
Union postale. . . . . 35 fr

H. Desorange, Directeur; V. Goddet, Administrateur, 10, faubourg Montmartre, Paris. Téléphone 227-68 et 228-12.

Les Sports. — *Journal de Sports.*

Abonnements { Un an, Paris et environs . . . . 20 fr.
— France, Algérie et Tunisie . . . 24 fr.
Union postale. . . . . 35 fr.

Rédacteur en chef, G. Prade; Directeur, Pierre Letellier, 20, rue Saint-Marc.

2º HEBDOMADAIRES :

Armée et Marine. — *(Revue illustrée.)*

Abonnements { Un an, France, Algérie et Tunisie . . . 12 fr.
Etranger. . . . . 36 fr.

9, boulevard des Italiens, Paris.

Armes et Sports. — *(Revue Illustrée.)*

Abonnements { Un an, France, Algérie et Tunisie. . . . 20 fr.
Etranger. . . . . 30 fr.

9, boulevard des Italiens, Paris.

L'Automobile. — *Paraissant tous les samedis.*

Abonnements { Un an, France, Algérie et Tunisie. . . . 30 fr.
Etranger. . . . . 35 fr.

Gaston Sencier, Secrétaire de la Rédaction, 7, rue Sainte-Benoîte, Paris.

La France Automobile. — *Paraissant tous les samedis.*

Abonnements { Un an, France, Algérie et Tunisie . . . 16 fr.
Etranger. . . . . 20 fr.

Paul Meyan, Directeur, 68, avenue de la Grande-Armée, Paris.

L'Industrie Vélocipédique et Automobile. — *Publication technique.* (Service gratuit au Commerce automobile.)

Abonnements { Un an, France, Algérie et Tunisie . . . 10 fr.
Etranger. . . . . 13 fr.

F. Gebert, Directeur, 75, rue Vieille-du-Temple, Paris. ☎ 269.83.

La Locomotion Automobile. — *La plus ancienne du monde entier.*

Abonnements { Un an, France, Algérie et Tunisie. . . . 18 fr.
Etranger. . . . . 23 fr.

C. Leblanc, Directeur, 15, rue Bouchut, Paris.

Omnia. — *Revue pratique de locomotion.*

Abonnements { France et (Algérie) . . . . 18 fr.
Etranger et Tunisie . . . . 23 fr.

L. Baudry de Saunier, Rédacteur en chef, 20, rue Duret.

Le Sport Universel Illustré. — *Revue des Sports et de l'Élevage.*

Abonnements { Un an, France, Algérie et Tunisie . . . 32 fr.
{ Etranger. . . . . 40 fr.

J. ROMAIN, Directeur, 13, rue de Londres, Paris.

La Vie Automobile. — Paraissant tous les samedis.

Abonnements { Un an, France, Algérie et Tunisie . . . 20 fr.
{ Etranger . . . . 25 fr.

DUNOD et PINAT, éditeurs, 49, quai des Grands-Augustins, Paris.

La Vie au Grand Air. — *Magazine sportif illustré*, paraissant tous les vendredis.

Abonnements { Un an, Paris, Départements, Algérie et
{ Tunisie . . . . 24 fr.
{ Etranger. . . . . 28 fr.

PIERRE LAFITTE, Directeur, 90, av des Champs-Élysées, Paris.

3° BI - MENSUELS :

Le De Dion-Bouton. — *Journal industriel.*

Abonnements { Un an, France, Algérie et Tunisie. . . 2 fr. 50
{ Union postale. . . . . 3 fr.

Rédaction : DE DION-BOUTON, 36, quai National, Puteaux (Seine).

Le Chauffeur. — *Bi-mensuel.* Le plus ancien journal technique de France sur l'automobile, fondé en 1839.

Abonnements { Un an, France, Algérie et Tunisie. . . . 20 fr.
{ Etranger. . . . . 25 fr.

Direction Mᵐᵉ LOCKERT, 9, rue Guénégaud, Paris.

La Pratique Automobile vulgarisée.

Abonnements { France, Algérie et Tunisie . . . . . 10 fr.
{ Etranger . . . . 13 fr. 50

Editeur, Comte MORTIMER-MEGRET, 101, avenue Henri-Martin.

TABLEAU DES VITESSES

Calcul de la vitesse à laquelle on marche

Chronométrer le temps employé pour parcourir la distance qui sépare deux bornes kilométriques et lire, au tableau ci-dessous, le nombre qui se trouve en face du temps chronométré. Ce nombre donne en kilomètres la **vitesse à l'heure** correspondante.

TEMPS	KILOM.	TEMPS	KILOM.	TEMPS	KILOM.
0' 18"	200	1' 04"	56	1' 50"	33
19"	190	05"	56	51"	32
20"	180	06"	55	52"	32
21"	169	07"	54	53"	32
22"	164	08"	53	54"	31
23"	157	09"	52	55"	31
24"	150	10"	51	56"	31
25"	144	11"	51	57"	30
26"	139	12"	50	58"	30
27"	133	13"	49	59"	30
28"	129	14"	49	2' 00"	30
29"	124	15"	48	05"	29
30"	120	16"	48	10"	28
31"	116	17"	47	15"	27
32"	113	18"	46	20"	26
33"	109	19"	46	25"	25
34"	106	20"	45	30"	24
35"	103	21"	44	35"	23
36"	100	22"	44	40"	22
37"	97	23"	43	45"	22
38"	95	24"	43	50"	21
39"	92	25"	42	55"	21
40"	90	26"	42	3' 00"	20
41"	88	27"	41	05"	20
42"	86	28"	41	10"	19
43"	84	29"	40	15"	19
44"	82	30"	40	20"	18
45"	80	31"	40	25"	18
46"	78	32"	39	30"	17
47"	77	33"	39	35"	17
48"	75	34"	38	40"	16
49"	73	35"	37	50"	16
50"	72	36"	37	55"	15
51"	70	37"	36	4' 00"	15
52"	69	38"	36	05"	15
53"	68	39"	36	10"	14
54"	67	40"	36	15"	14
55"	66	41"	36	20"	14
56	64	42"	35	25"	14
57'	63	43"	35	30"	13
58	62	44"	35	35"	13
59"	61	45"	34	40"	13
1' 00"	60	46"	34	45"	13
01"	59	47"	34	50"	12
02"	58	48"	33	55"	12
03"	57	49"	33	5' 00"	12

CALENDRIER

ANNÉE 1907

JANVIER	FÉVRIER	MARS	AVRIL	MAI	JUIN	JUILLET	AOUT	SEPTEMBRE	OCTOBRE	NOVEMBRE	DÉCEMBRE
1 M	1 V	1 V	1 L	1 M	1 S	1 L	1 J	1 D	1 M	1 V	1 D
2 M	2 S	2 S	2 M	2 J	2 D	2 M	2 V	2 L	2 M	2 S	2 L
3 J	3 D	3 D	3 M	3 V	3 L	3 M	3 S	3 M	3 J	3 D	3 M
4 V	4 L	4 L	4 J	4 S	4 M	4 J	4 D	4 M	4 M	4 V	4 M
5 S	5 M	5 M	5 V	5 D	5 M	5 V	5 L	5 J	5 S	5 M	5 M
6 D	6 M	6 M	6 S	6 L	6 J	6 S	6 M	6 V	6 D	6 M	6 V
7 L	7 J	7 J	7 D	7 M	7 V	7 D	7 M	7 S	7 L	7 J	7 S
8 M	8 V	8 V	8 L	8 M	8 S	8 L	8 J	8 D	8 M	8 V	8 D
9 M	9 S	9 S	9 M	9 J	9 D	9 M	9 V	9 L	9 M	9 S	9 L
10 J	10 D	10 D	10 M	10 V	10 L	10 M	10 S	10 M	10 J	10 D	10 M
11 V	11 L	11 L	11 J	11 S	11 M	11 J	11 D	11 M	11 V	11 L	11 M
12 S	12 M	12 M	12 V	12 D	12 M	12 V	12 L	12 J	12 S	12 M	12 J
13 D	13 M	13 M	13 S	13 L	13 J	13 S	13 M	13 V	13 D	13 M	13 V
14 L	14 J	14 J	14 D	14 M	14 V	14 D	14 M	14 S	14 L	14 J	14 S
15 M	15 V	15 V	15 L	15 M	15 S	15 L	15 J	15 D	15 M	15 V	15 D
16 M	16 S	16 S	16 M	16 J	16 D	16 M	16 V	16 L	16 M	16 S	16 L
17 J	17 D	17 D	17 M	17 V	17 L	17 M	17 S	17 M	17 J	17 D	17 M
18 V	18 L	18 L	18 J	18 S	18 M	18 J	18 D	18 M	18 M	18 V	18 M
19 S	19 M	19 M	19 V	19 D	19 M	19 V	19 L	19 J	19 S	19 M	19 J
20 D	20 M	20 M	20 S	20 L	20 J	20 S	20 M	20 V	20 D	20 M	20 V
21 L	21 J	21 J	21 D	21 M	21 V	21 D	21 M	21 S	21 L	21 J	21 S
22 M	22 V	22 V	22 L	22 M	22 S	22 L	22 J	22 D	22 M	22 V	22 D
23 M	23 S	23 S	23 M	23 J	23 D	23 M	23 V	23 L	23 M	23 S	23 L
24 J	24 D	24 D	24 M	24 V	24 L	24 M	24 S	24 M	24 J	24 D	24 M
25 V	25 L	25 L	25 J	25 S	25 M	25 J	25 D	25 M	25 M	25 V	25 M
26 S	26 M	26 M	26 V	26 D	26 M	26 V	26 L	26 J	26 S	26 M	26 J
27 D	27 M	27 M	27 S	27 L	27 J	27 S	27 M	27 V	27 D	27 M	27 V
28 L	28 J	28 J	28 D	28 M	28 V	28 D	28 M	28 S	28 L	28 J	28 S
29 M		29 V	29 L	29 M	29 S	29 L	29 J	29 D	29 M	29 V	29 D
30 M		30 S	30 M	30 J	30 D	30 M	30 V	30 L	30 M	30 S	30 L
31 J		31 D		31 V		31 M	31 S		31 J		31 M

CALENDRIER

ANNÉE 1908											
JANVIER	FÉVRIER	MARS	AVRIL	MAI	JUIN	JUILLET	AOUT	SEPTEMBRE	OCTOBRE	NOVEMBRE	DÉCEMBRE
1 M	1 S	1 D	1 M	1 V	1 L	1 M	1 S	1 M	1 J	1 D	1 M
2 J	2 D	2 L	2 J	2 S	2 M	2 J	2 D	2 M	2 V	2 L	2 M
3 V	3 L	3 M	3 V	3 D	3 M	3 V	3 L	3 J	3 S	3 M	3 J
4 S	4 M	4 M	4 S	4 L	4 J	4 S	4 M	4 V	4 D	4 M	4 V
5 D	5 M	5 J	5 D	5 M	5 V	5 D	5 M	5 S	5 L	5 J	5 S
6 L	6 J	6 V	6 L	6 M	6 S	6 L	6 J	6 D	6 M	6 V	6 D
7 M	7 V	7 S	7 M	7 J	7 D	7 M	7 V	7 L	7 M	7 S	7 L
8 M	8 S	8 D	8 M	8 V	8 L	8 M	8 S	8 M	8 J	8 D	8 M
9 J	9 D	9 L	9 J	9 S	9 M	9 J	9 D	9 M	9 V	9 L	9 M
10 V	10 L	10 M	10 V	10 D	10 M	10 V	10 L	10 J	10 S	10 M	10 J
11 S	11 M	11 M	11 S	11 L	11 J	11 S	11 M	11 V	11 D	11 M	11 V
12 D	12 M	12 J	12 D	12 M	12 V	12 D	12 M	12 S	12 L	12 J	12 S
13 L	13 J	13 V	13 L	13 M	13 S	13 L	13 J	13 D	13 M	13 V	13 D
14 M	14 V	14 S	14 M	14 J	14 D	14 M	14 V	14 L	14 M	14 S	14 L
15 M	15 S	15 D	15 M	15 V	15 L	15 M	15 S	15 M	15 J	15 D	15 M
16 J	16 D	16 L	16 J	16 S	16 M	16 J	16 D	16 M	16 V	16 L	16 M
17 V	17 L	17 M	17 V	17 D	17 M	17 V	17 L	17 J	17 S	17 M	17 J
18 S	18 M	18 M	18 S	18 L	18 J	18 S	18 M	18 V	18 D	18 M	18 V
19 D	19 M	19 J	19 D	19 M	19 V	19 D	19 M	19 S	19 L	19 J	19 S
20 L	20 J	20 V	20 L	20 M	20 S	20 L	20 J	20 D	20 M	20 V	20 D
21 M	21 V	21 S	21 M	21 J	21 D	21 M	21 V	21 L	21 M	21 S	21 L
22 M	22 S	22 D	22 M	22 V	22 L	22 M	22 S	22 M	22 J	22 D	22 M
23 J	23 D	23 L	23 J	23 S	23 M	23 J	23 D	23 M	23 V	23 L	23 M
24 V	24 L	24 M	24 V	24 D	24 M	24 V	24 L	24 J	24 S	24 M	24 J
25 S	25 M	25 M	25 S	25 L	25 J	25 S	25 M	25 V	25 D	25 M	25 V
26 D	26 M	26 J	26 D	26 M	26 V	26 D	26 M	26 S	26 L	26 J	26 S
27 L	27 J	27 V	27 L	27 M	27 S	27 L	27 J	27 D	27 M	27 V	27 D
28 M	28 V	28 S	28 M	28 J	28 D	28 M	28 V	28 L	28 M	28 S	28 L
29 M	29 S	29 D	29 M	29 V	29 L	29 M	29 S	29 M	29 J	29 D	29 M
30 J		30 L	30 J	30 S	30 M	30 J	30 D	30 M	30 V	30 L	30 M
31 V		31 M		31 D		31 V	31 L		31 S		31 J

HOTELIERS

Nous vous prions de bien vouloir répondre **très exactement** à toutes les demandes du questionnaire ci-après.

Nous vous informons que nous suppprimerons, dans les prochaines éditions de notre Guide, les Hôtels qui nous auront fourni des renseignements incomplets, faux ou inexacts.

Nous vous recommandons de bien nous indiquer :

1° **Le nom** sous lequel l'hôtel est connu.

2° Si le **vin est compris** ou **non** dans vos prix de table d'hôte.

3° Si vos (W.-C.) sont munis d'**appareils perfectionnés de chasse d'eau**, revêtus de faïences, etc.

4° Si le **garage** des automobiles **est gratuit**, ou **quelle somme** vous demandez **par jour**.

5° Si vous vous engagez à **garer gratuitement** les voitures des **porteurs du Guide Michelin**.

6° **Si le garage** est **dans l'hôtel même**.

7° S'il est **à l'extérieur** et **à quelle distance**.

8° Si c'est une **remise fermant à clef**, un **hangar couvert** ou seulement une **cour**.

MÉCANICIENS

Nous vous prions de nous signaler tout particulièrement sur le questionnaire ci-après :

1° Si vous êtes **mécanicien voituriste;**

2° Si vous êtes **agent** d'un fabricant d'automobiles.

Tous ces renseignements doivent être certifiés exacts par des personnes autorisées, et, autant que possible, accompagnés de documents justificatifs. Nous ne tiendrons compte que des questionnaires signés et portant le visa de deux membres d'un Automobile Club, ou, à leur défaut, de deux délégués du TCF.

Les hôteliers et les mécaniciens qui sont déjà dans le présent ouvrage doivent aussi remplir les questionnaires, pour nous signaler les modifications qu'ils ont faites dans leur installation et pour nous assurer qu'ils existent toujours, qu'ils n'ont pas liquidé, ou cédé leur maison à un successeur.

A défaut de cette formalité, il ne sera donné aucune suite aux réclamations pour omissions ou suppressions.

Adresser tous ces renseignements *avant le 31 décembre 1907* à *MICHELIN-GUIDE, 195, boulevard Pereire, Paris (XVIIe).*

QUESTIONNAIRE POUR LES HOTELS

à remplir et à adresser sous pli affranchi (0 fr. 10) à

MICHELIN-GUIDE

PARIS — 105, boulevard Pereire (xviiͤ) — PARIS
AVANT LE 31 DÉCEMBRE 1907

Nous ne tiendrons compte que des questionnaires visés par deux membres d'un Club Automobile, ou par deux délégués du TCF.

Département de

Ville d ....

Nom et prénoms (raison sociale exacte, nom de l'hôtel)

....

Adresse (rue et numéro)

A COUPER suivant le pointillé.

QUESTIONS	RÉPONSES
1º Votre hôtel est-il **ouvert toute l'année?** . . . . Dates d'ouverture et de fermeture? .	
2º Quelle **somme** un touriste voyageant en automobile doit-il compter dépenser chez vous **par jour?** . . .	
Pour une **chambre** *moyenne*, compris service et éclairage? . . .	
Le **petit déjeuner** du matin?	
Le **déjeuner?**	
Le **dîner?**	
(*Spécifier si le vin n'est pas compris*).	
3º Accordez-vous **aux membres** du Touring-Club de France **la réduction de 10 %?**	
4º Possédez-vous une ou plusieurs **Salles de bains?**	
5º Possédez-vous des **W.-C. perfectionnés?** (*Nous appelons W.-C. perfectionnés ceux qui sont munis d'appareils de chasse à effet d'eau à syphon avec siège mobile, dont les murs sont garnis de carrelage ou de faïence, tenus avec une extrême propreté et toujours munis de papier hygiénique*).	
6º Quel est votre mode d'**éclairage?**	
7º Quel est votre mode de **chauffage?**	
8º Possédez-vous un **ascenseur?** . . .	
9º Possédez-vous une **chambre noire** à photographie?	
Est-elle munie d'une **lanterne rouge**, de **cuvettes** et d'eau? . .	
10º Possédez-vous un **garage** pour les automobiles?	
Indiquer les dimensions et joindre un croquis sur une feuille spéciale. — Longueur. — Largeur. — Largeur de la porte d'entrée. — Largeur de la rue donnant accès au garage :	
11º Le garage est-il **dans l'intérieur** de votre hôtel?	
12º Le garage est-il **attenant** à l'hôtel?	

NOTA. — Si vous ne trouvez pas suffisante la place réservée pour les réponses, veuillez les transcrire par numéro : 1º, 2º, etc., sur une feuille séparée.

QUESTIONS	RÉPONSES
13° Communique-t-il **intérieurement** avec l'hôtel?.	
14° Le garage est-il **en dehors** de l'hôtel?	
15° A quelle **distance exacte** de l'hôtel?	
16° Est-il **relié par le téléphone** avec l'hôtel?.	
17° Faites-vous garer les voitures **chez un mécanicien** de votre ville? Lequel?.	
18° **A quelle distance exacte** de votre hôtel se trouve son garage?	
19° Est-ce une **remise** fermant à clef? Combien de voitures peut-elle contenir?	
20° Est-ce un **hangar couvert?** . . . Combien de voitures peut-il contenir?	
21° Avez-vous des **box** ou comparti-ments particuliers et fermés à clef, destinés à garer une seule voiture? Combien en avez-vous?.	
22° Si vous n'avez pas de garage couvert, avez-vous une **cour** à ciel ouvert? Combien de voitures peut-elle contenir?	
23° Le garage est-il **éclairé?** Par quel moyen?.	
24° Possédez-vous une ou plusieurs **fosses à réparations?** . . .	
25° Sont-elles **éclairées?**	
26° Possédez-vous l'**eau** dans le garage?	
27° Possédez-vous des **lances et tuyaux d'arrosage** pour le lavage des autos?	
28° Avez-vous des **outils?** Lesquels?	
29° Etes-vous **assuré** contre les risques d'incendie pour les voitures garées chez vous?.	
30° Le garage est-il **gratuit?** . . .	
31° Quel **prix** demandez-vous par jour pour garer une voiture?.	
32° Vous engagez-vous à garer **gratui-tement** les voitures des **porteurs du Guide Michelin?**	
33° Possédez-vous **dans l'hôtel** un **dépôt d'essence?**	
34° Possédez-vous **dans l'hôtel** une **source d'énergie électrique** permettant de recharger une **voi-ture électrique?**	
35° Ou seulement **les accumulateurs d'allumage?**	
36° Quels sont les **prix?**	
37° Possédez-vous le **téléphone** inter-urbain? Quel est le N°? . . .	
38° Avez-vous une **adresse télégra-phique?** Laquelle?	
39° Quelles sont les **curiosités** à voir dans votre ville?	*Prière de bien vouloir les indiquer d'une fa-*
40° Quelles sont les **excursions inté-ressantes** à faire aux environs? .	*çon détaillée sur une feuille spéciale.*

Le . . . . 1907.

SIGNATURE :

Visa et certificat d'exactitude de deux membres d'un Automobile-Club, ou, à leur défaut, de deux délégués du TCF.

QUESTIONNAIRE POUR LES MÉCANICIENS

à remplir et à adresser sous pli affranchi (0 fr. 10) à

MICHELIN-GUIDE

PARIS — 105, boulevard Pereire (XVIIᵉ) — PARIS

AVANT LE 31 DÉCEMBRE 1907

Nous ne tiendrons compte que des questionnaires visés par deux membres d'un Automobile-Club, ou par deux délégués du TCF.

Département d

Ville d

Nom et prénoms (raison sociale exacte)

Précédente raison sociale (successeur de...)

Adresse (rue et numéro)

Profession

A COUPER suivant le pointillé

QUESTIONS	RÉPONSES
1º Êtes-vous l'agent ou le représentant d'un ou de plusieurs constructeurs d'automobiles ? Lesquels?.	
2º Votre outillage est-il mû par un moteur?. . . . . Quelle est la force de votre moteur?. . . . . Quels sont vos principaux outils ?.	
3º Avez-vous un ou plusieurs ouvriers ayant travaillé chez des constructeurs d'automobiles?. . Quels sont ces constructeurs?	
4º Avez-vous en magasin des pièces de rechange pour réparer des automobiles ? De quelles marques?.	
5º Avez-vous un garage couvert et fermé?. . . . . Combien peut-on y remiser d'automobiles (en dehors de celles que vous avez continuellement)?.	
6º Avez-vous des box ou compartiments particuliers fermés à clef?. . Combien en avez-vous?	
7º Avez-vous une ou plusieurs fosses à réparations?.	
8º Tenez-vous un dépôt d'essences?	
9º Possédez-vous dans votre garage une source d'énergie électrique permettant de recharger une voiture électrique?	

NOTA. — Si vous ne trouvez pas suffisante la place réservée pour les réponses, veuillez les transcrire par numéro : 1º, 2º, etc., sur une feuille séparée.

QUESTIONS	RÉPONSES
Ou seulement les **accumulateurs d'allumage?**	....
Si vous n'en possédez pas, en connaissez-vous une dans votre ville ?	....
A quelle **adresse?**	....
10° Quels sont **les prix?**.	....
11° Avez-vous une **chambre noire** pour la photographie ?.	....
Est-elle munie d'une **lanterne rouge**, de **cuvettes** et d'eau?. .	....
12° Avez-vous le **téléphone** interurbain?	....
Quel est le **N°?**	....
13° Avez-vous une **adresse télégraphique?** Laquelle ?	....
14° Quelles sont les **curiosités** à voir dans votre ville ??.	*Prière de bien vouloir les indiquer d'une façon détaillée sur une*
15° Quelles sont les **excursions** intéressantes à faire aux environs ? . . .	*feuille spéciale.*

Le   1907.

SIGNATURE :

LÉGENDE

des Signes conventionnels de la Carte au 1:4.000.000ᵉ

	Algérie	Tunisie
‗‗‗‗‗‗‗‗	Routes nationales	
‗‗‗‗‗‗‗‗	dᵒ itinéraires	Routes empierrées
‗‗‗‗‗‗‗‗	Autres routes carrossables	Pistes principales.
– – – – – – – –	Routes ou pistes impraticables par mauvais temps	
ALGER ◉	Capitale ou Préfectures	Capitale
Bône ◎	Sous-préfectures	Villes importantes.
Blida ○	Autres localités	Autres localités

Distances kilométriques

Comptées des Préfectures, Sous-préfectures et villes importantes entre elles ou de ces villes en signe

‗‗‗‗‗‗‗‗ Chemins de fer et stations principales.

•–•–•–•–•–•–•–• Frontière entre l'Algérie, la Tunisie et le Maroc.

•••••••••••••••• Limites des départements algériens.

～～～～ Fleuves, rivières importantes

 Chotts.

Lignes de navigation

‗‗‗‗‗‗‗‗ Compagnie générale transatlantique.

– – – – – – dᵒ de navigation mixte (Cᵉ Touache).

••••••••• dᵒ des transports maritimes

–•–•–•–•– dᵒ de navigazione generale italiana.

Echelle du 1:4000000

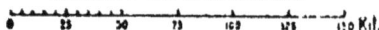

0   25   50   75   100   125   150 Kil.

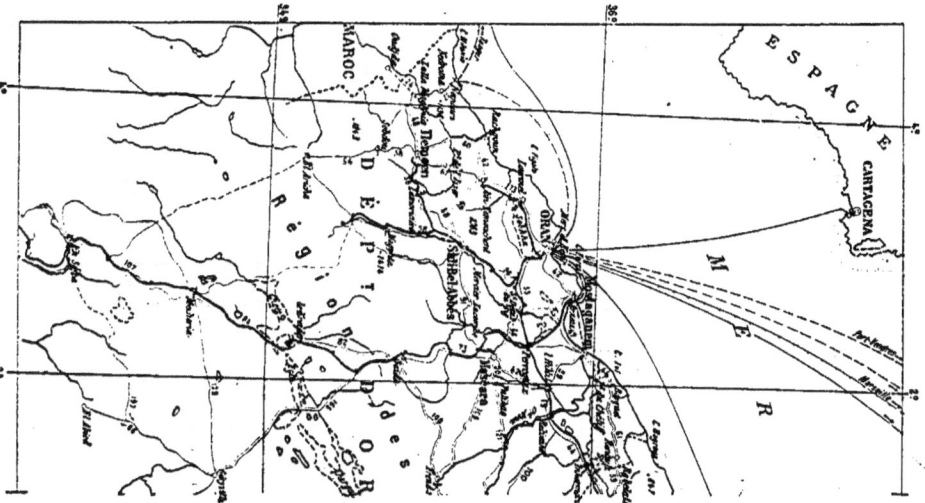

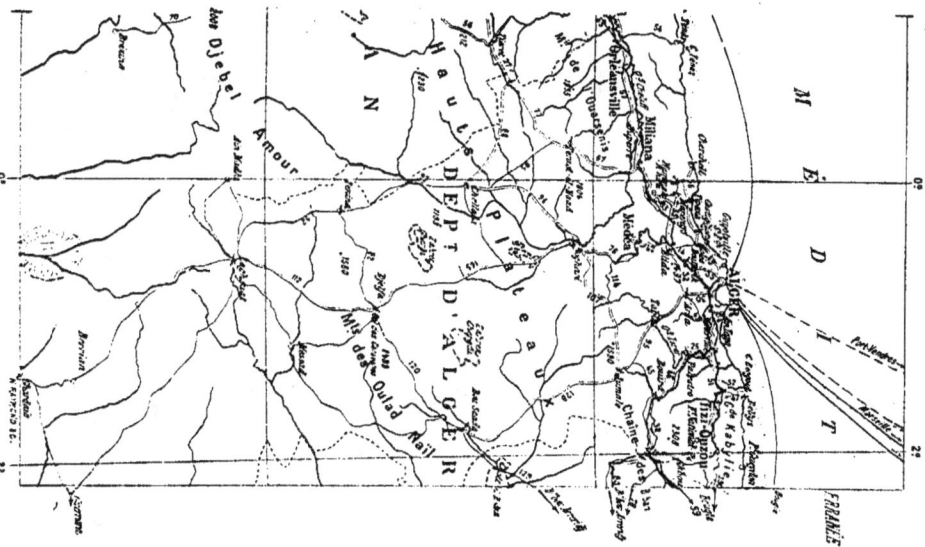

Voir : Règle pour la lecture des cartes, p. 7.

ESPAGNE

CARTAGENA

MÉDITERRANÉE

MER

MAROC

DÉPT. D'ORAN

Région des Hauts

ORAN

Hauts plateaux

DÉPT. D'ALGER

M. des Ouled Naïl

Djebel Amour

ALGER

MÉDITERRANÉE

FRANCE

Echelle du 1:4.000.000

MER MÉDITERRANÉE

Dᵗ DE CONSTANTINE

TUNISIE

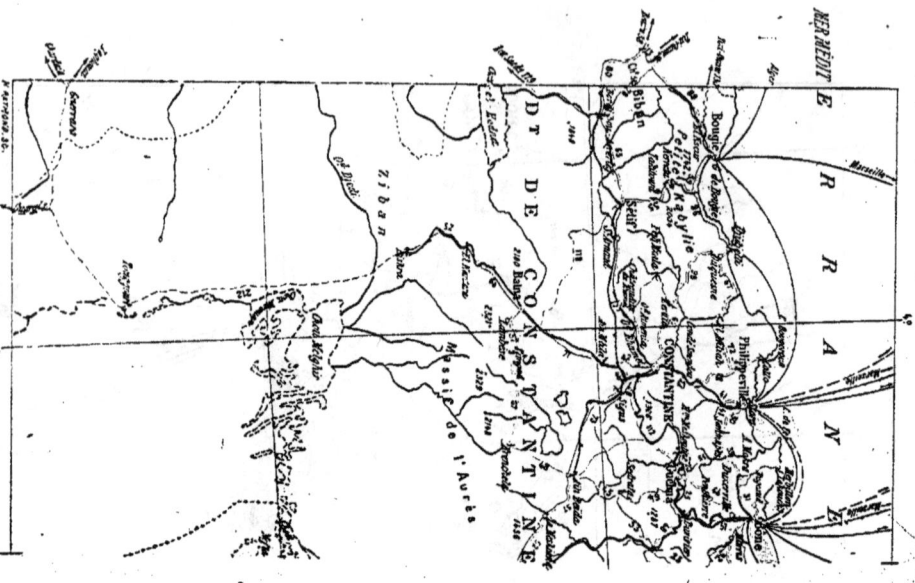

Voir : Règle pour la lecture des cartes, p. 7.

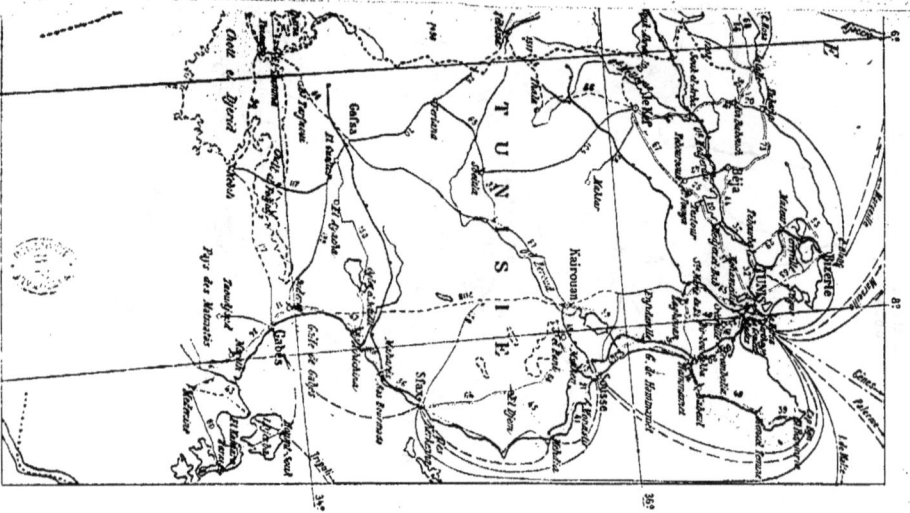

Echelle du 1:4000000

AUTOMOBILE CLUB D'ALGÉRIE

ET CERCLE DES SPORTS

23, Boulevard Carnot. — Alger.

~~~~~~~~

Président : **M. M. Broussais.**
Vice-présidents : **M. A. Maginot.**
— , **M. J. Narbonne.**
Secrétaire général : **M. Pierre de Malglaive.**
Trésorier : **M. A. Thomas.**
Secrétaire-adjoint : **M. Bourgeois.**

L'*Automobile Club d'Algérie* et *Cercle des sports* vient de s'installer, dans un local splendide, dans le plus beau quartier d'Alger. On y trouve tout le confort désirable : Salle d'escrime et billard au rez-de-chaussée, bar américain. Dans les sous-sols, Salle de tir de 25 mètres de longueur avec installation tout à fait moderne, Salle de douches, etc.

Le secrétaire de l'Automobile Club d'Algérie est toujours à la disposition des membres des clubs de France et de l'étranger pour tous renseignements, et ceux-ci, lorsqu'ils seront de passage à Alger, seront toujours reçus avec plaisir au Club, par leurs collègues d'Algérie.

~~~~~~~~~~

CALENDRIER SPORTIF POUR 1907

Janvier : Courses de côtes (12 kilomètres) pour toutes les voitures.

Février : Courses de vitesse (2 kilomètres) pour toutes les voitures.

Mars : Courses de consommation.

Avril : Rallye-Automobile. Circuit automobile Alger-Biskra pour voitures de tourisme, durée 8 jours.

Pour tous renseignements concernant ces épreuves et leur règlement, s'adresser à l'AUTOMOBILE CLUB D'ALGÉRIE (23, boulevard Carnot, Alger).

NOTES

NOTES

NOTES

NOTES

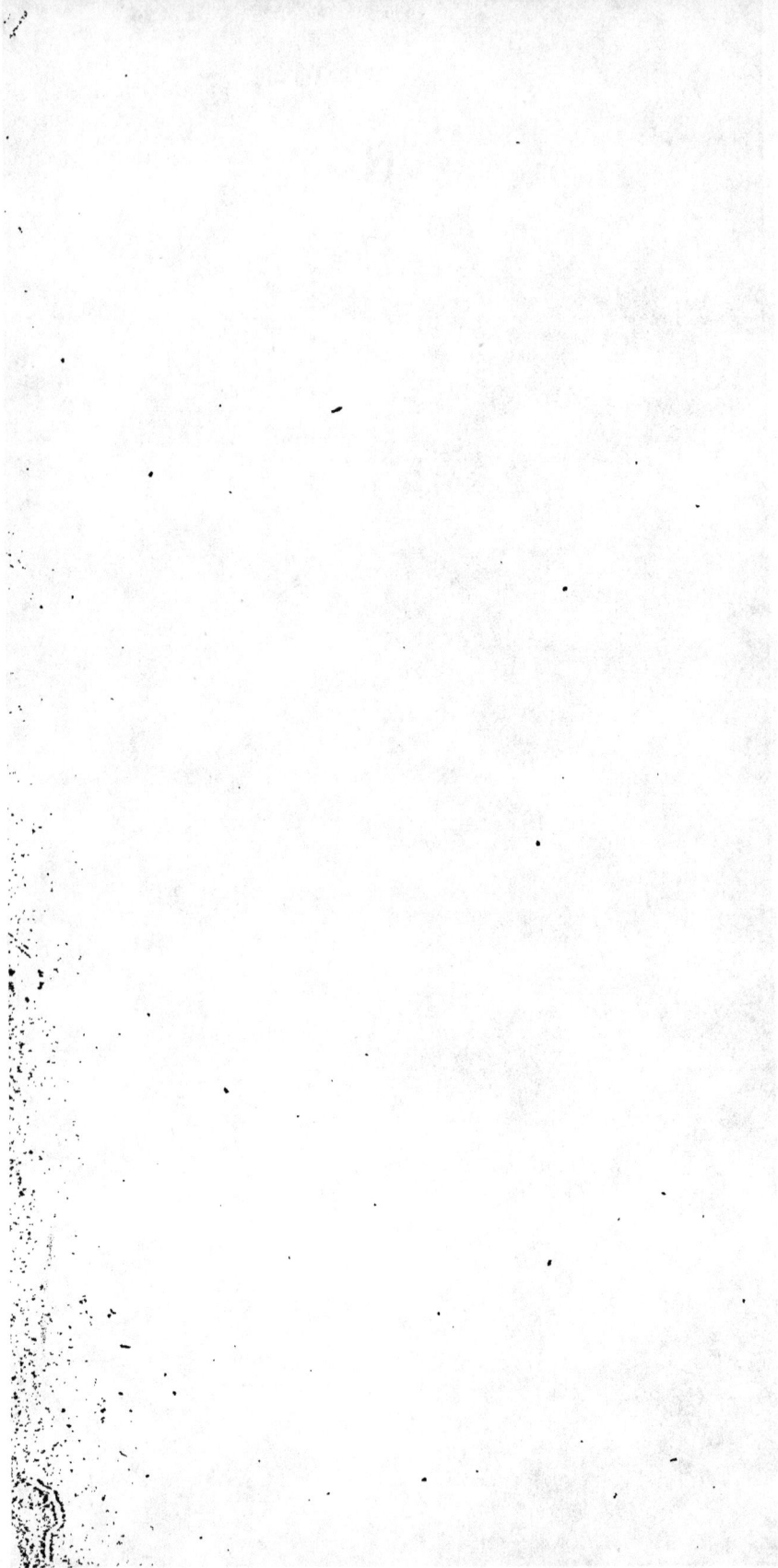

COMPAGNIE GÉNÉRALE TRANSATLANTIQUE[(1)]
Administration centrale, 6, rue Auber
PAQUEBOTS-POSTE FRANÇAIS

LIGNES de la MÉDITERRANÉE

Sous réserve de toutes modifications, en cas de quarantaine, etc.

DÉPARTS de **MARSEILLE**	Lundi.... à midi.	Pour Tunis (rapide), Malte, Tunis, Marseille (rapide).
	Lundi.... à 1 h. s.	— Alger (rapide).
	Mardi.... à 5 h. s.	— Bône, Philippeville, Marseille.
	Mercredi, à 1 h. s.	— Alger (rapide).
	Jeudi .... à 1 h. s.	— Alger, Marseille
	Jeudi .... à 5 h. s.	— Oran (*), Marseille.
	Vendredi. à midi.	—. Bizerte, Tunis, Sfax, Sousse, Tunis, Bizerte, Marseille.
	Samedi . à midi.	— Philippeville, Bône, Marseille.
	Samedi . à 1 h. s.	— Alger (rapide).
	Samedi.. à 5 h. s.	— Oran, Carthagène, Oran, Marseille.
	Dimanche à midi.	— Bougie, Djidjelli (facult.), Bougie, Alger, Bougie, Marseille.

DÉPART D'AJACCIO. — Jeudi, à 11 h. s. Pour Porto-Torrès, Bône, Porto-Torrès, Ajaccio (par quinzaine, les 10-24 janvier, etc.), ou Bône, Ajaccio (par quinzaine, les 3, 17 et 31 janvier, etc.).

DÉPART D'ALGER. — Samedi, à 8 h. s. Pour Bougie, Djidjelli, Collo, Philippeville, Bône, La Calle, Tabarka, Bizerte, Tunis (retour mêmes escales).

(*) *Escales facultatives :* Mostaganem et Arzew.
Pour **Cette** et **Saint-Louis**, deux ou trois départs par semaine.

Départs d'Algérie, de Tunisie et de Malte pour Marseille
Sous réserve de toutes modifications

Alger	Lundi..............................	3 h. 30 s.
	Mardi (rapide)....................	midi 30.
	Jeudi (rapide)....................	midi 30.
	Samedi (rapide)...................	midi 30.
Bizerte	Mercredi (direct)............	10 h. 30 s.
Bône	Mardi (direct).................	9 h. s.
	Jeudi (*via* Philippeville).....	6 h. s.
Bougie	Jeudi (direct)..............	8 h. 30 s.
	Dimanche (*via* Alger).........	7 h. 30 s.
Collo	Samedi (*via* Alger)........	10 h. s.
Djidjelli	Dimanche (*via* Alger).....	9 h. m.
La Calle	Mardi (transbordement à Bizerte)...	7 h. s.
Malte	Jeudi (*via* Tunis).........	5 h. s.
Oran	Mardi (rapide)................	5 h. s.
	Jeudi (rapide)................	5 h. s.
Philippeville	Vendredi (direct).........	midi.
	Lundi (*via* Bône).........	minuit.
Tabarka	Mardi (transbordement à Bizerte)...	minuit.
Tunis	Vendredi (direct)............	9 h. s.
	Mercredi (*via* Bizerte)......	midi 30
Sfax	Lundi (*via* Sousse-Tunis-Bizerte)...	6 h. s.
Sousse	Mardi (*via* Tunis-Bizerte)...	3 h. s.

Départs d'Oran pour Carthagène et de Carthagène pour Oran
Sous réserve de toutes modifications

D'Oran pour Carthagène.............. Les lundis à 11 h. s.
De Carthagène pour Oran.............. Les mardis à 8 h. s.

De Bône pour Ajaccio.............. Samedis : par quinzaine, 5 et 19 janv., etc., 9 h. s.
De Bône pour Porto-Torrès et Ajaccio.. Samedis : par quinzaine, 12 et 26 janv., etc., 11 h. s.

---

(1) Voir les adresses des bureaux et agences de la Compagnie, et les tarifs de passage, page de garde en tête du Guide.